三国志への招待

三国志の会 編

山川出版社

ようこそ三国志の世界へ

わたしたちは中国の古典文学や歴史書に親しむことによって、奥深い日本の文化をはぐくんできた。司馬遷《しばせん》の『史記』や陳寿《ちんじゅ》の『三国志』などを読みつづけ、多少の起伏は経験したにしても、アジアに身を置くことの現実を感じてきた。人の血は寂寞《せきばく》の風景のなかでこそ温かみを増す。これは古来、人類が血で血をあらう戦争を繰りかえすたびに体で覚えてきた、哀しい実感である。

温かな血液が流れることほど、大切なものはない。日本が新しい時代を迎えようと

する今日、いま一度、その哀しみを強く抱きしめてみる必要はないだろうか。

数千年にわたる中国の歴史上、英雄たちが最も活躍した時代のひとつが、大漢帝国の滅亡（二二〇年）前後から魏《ぎ》・蜀《しょく》・呉《ご》の鼎立（二二九年）にいたる三国三つ巴の乱世である。

漢の遺臣として漢皇帝の地位を断固として拒否した魏王曹操《そうそう》（禅譲を受けたのは、子の曹丕《そうひ》である）、諸葛亮《しょかつりょう》（孔明《こうめい》）の補佐で蜀の帝位についた劉備《りゅうび》、南方呉の皇帝を謳歌した孫権《そんけん》――いずれもが正義を盾に大陸中国をかけめぐり、天下（世のなかの人びと）のために身命をなげうった。

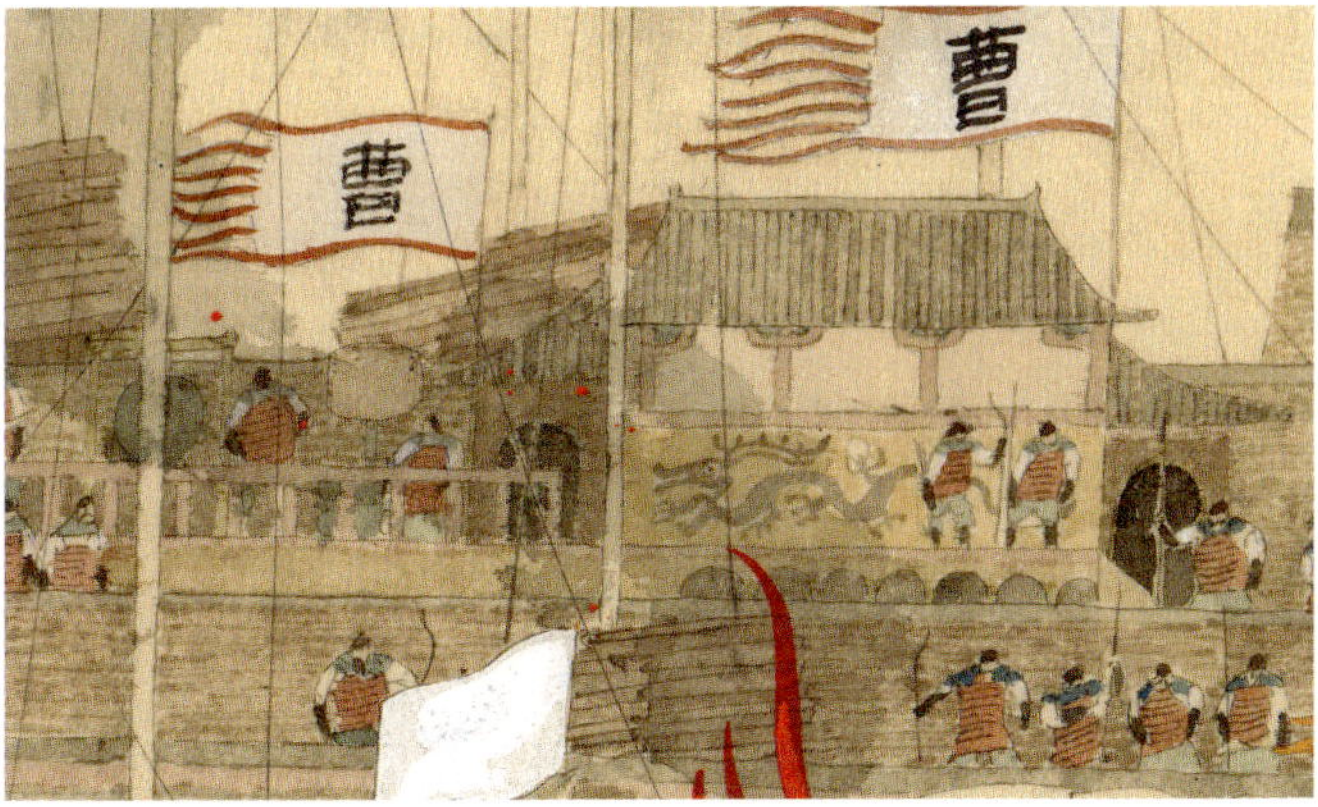

だが、真の英雄の名に価《あたい》するのは、いったい誰だったのか？

これから、少なからぬ図版と簡潔な説明によって、読者を「三国志、英雄たちの世界」にご案内しよう。

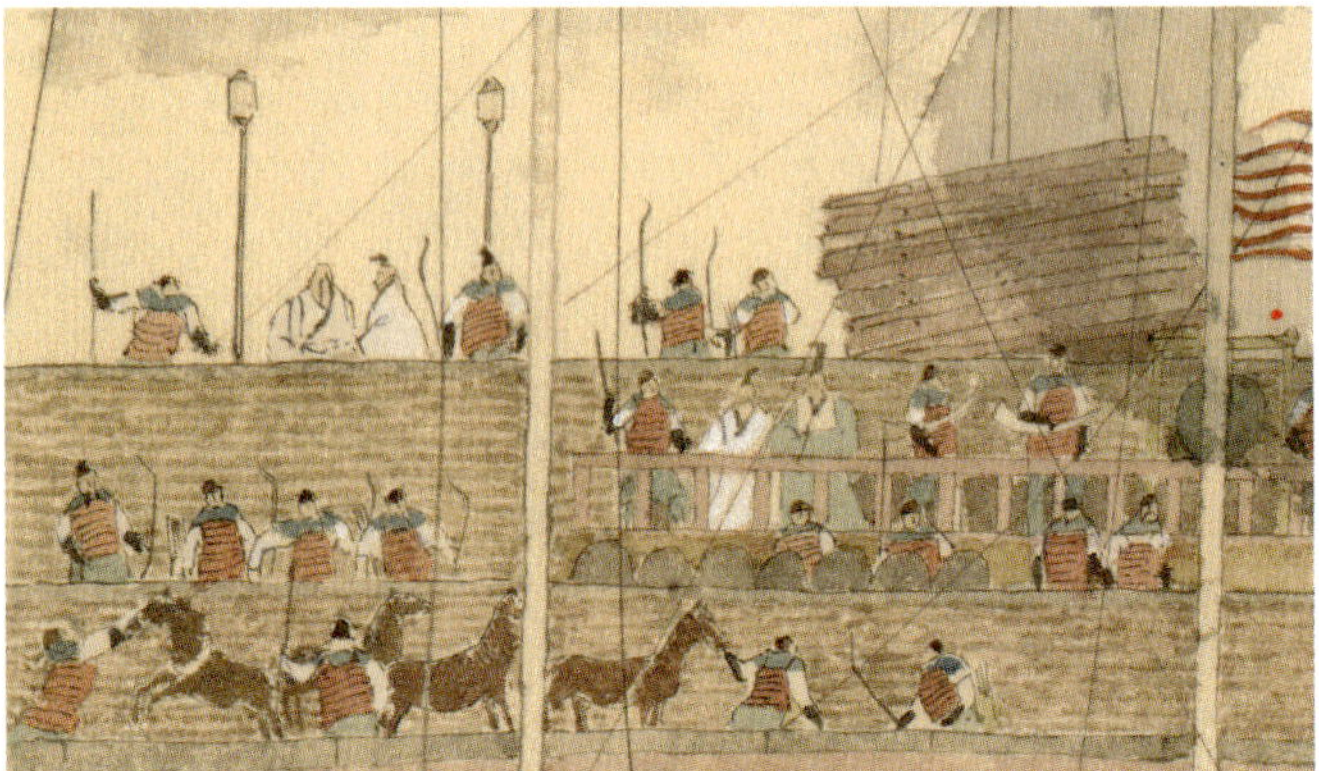

三国志への招待　　目次

〔　〕は安野光雅画

ようこそ三国志の世界へ

三国志　真の英雄は誰か？

左

三国志関係図・年表

三国志　真の英雄は誰か？

01

栴檀《せんだん》は双葉《ふたば》より芳《かんば》し

びゃくだん（白檀。別名を「栴檀」）の木は若芽のときから、身の引き締まるような芳香をはなつ。英雄は少年のころから、その素質がかがやいているというたとえである。大漢帝国の末期、中国大陸の華中に生をうけた豪族曹家の御曹司・曹操——その一族の血すじの良さもさることながら、彼はあふれるほどの才能を秘めていた。

曹操は黄河中流域の首都、洛陽《らくよう》の王城で生いそだった。いくたびか、黄河のほとりにたたずんで鋭気を養ったことであろう。

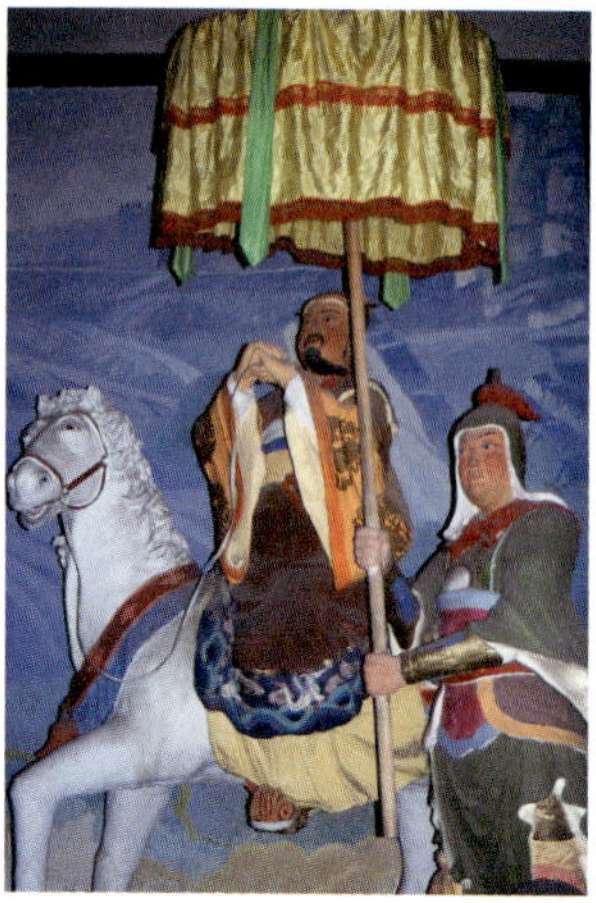

若き曹操は、古代周の武王の弟＝周公を理想の政治家とした

曹一族の故郷、譙（しょう）の風景。現在の安徽省亳州（はくしゅう）市

02

ふたりの教導者、橋玄《きょうげん》と蔡邕《さいよう》

蔡邕像

曹操の才能を見出し花ひらかせたのは、漢の著名な人物批評家橋玄と、王室図書館の大学者蔡邕である。橋玄は言った。「群雄あい食《は》むこの乱世を収拾できるのは、君だ。乱世なら英雄、太平の世なら大悪人となろう。」

そして文章から音楽にいたるまで秀でていた蔡邕は、本人自身が政治の荒浪をのりこえながら、若い曹操に学問を教えみちびいた。

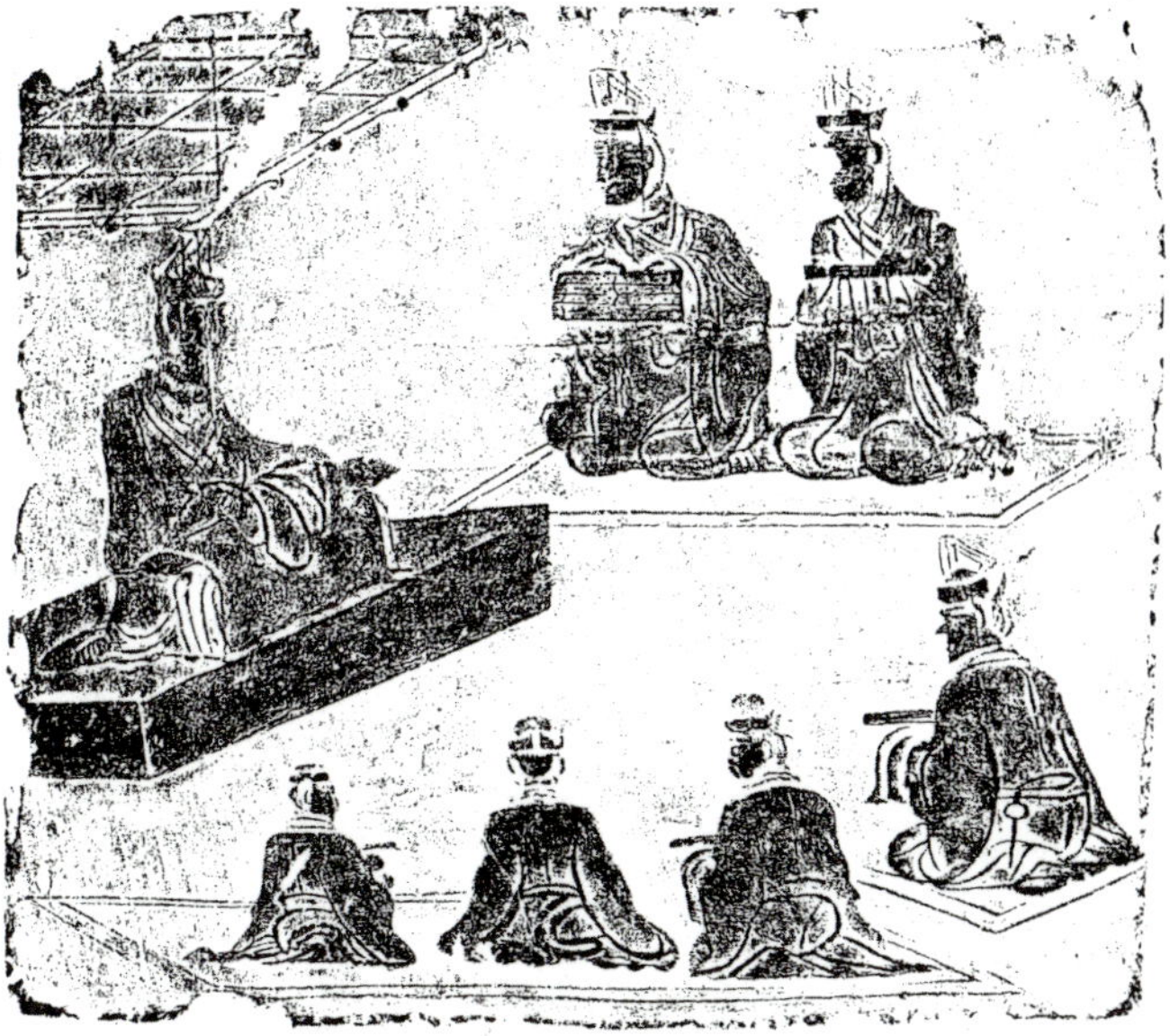

儒教の講義風景（画像磚）

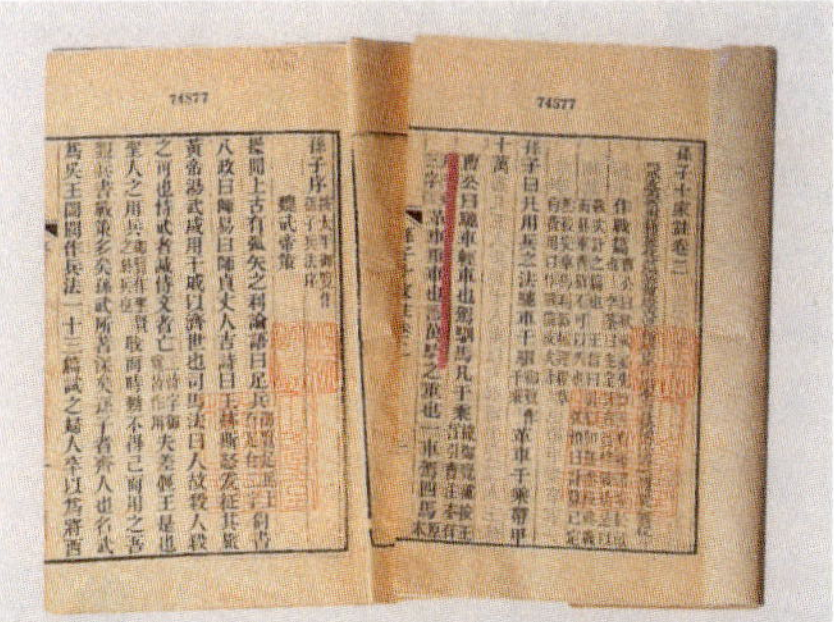

魏の武王曹操の注がある『孫子の兵法』

03

譙集団の突出したリーダー

譙は漢を創業した劉邦《りゅうほう》の盟友、曹参《そうしん》の一族が盤踞してきた土地柄である。そのゆるぎない伝統と血統にもまれながら、未来の英雄は鍛えられてゆく。

鋭い感性を持ち人望のあつかった曹操は、民衆とともに歩む政治的理想に燃えていた

客人を出迎える豪族層（壁画・漢代前期）

サイコロを楽しむ庶民（塑像・漢代前期）

04

口では匡正《きょうせい》できぬ時代

英雄はあるとき、人知れず自らを静かに見詰める。曹操は少年時代の心象風景を、楽府《がふ》(漢詩の一種で、曲をつけてうたう)に残している(四十二歳)。父曹嵩《そうすう》は琅邪《ろうや》の地で、陶謙《とうけん》軍に殺された。

勝利を天に祈って、戦いにのぞむ

仕合わせの少なかったわが過去よ
生まれてこのかた
微賤で頼るものなく
やさしい母のいつくしみも
きびしい父の教えもなかった
孤立無援
どん底のわが脳裡に
消えてはうかぶ父の姿
一群の太守になりたいという
ちっぽけな望みすら
いつかなえられることか――
貧窮と困難にあまんじつつも
いやせぬ傷心は涙の雨となる
哭《な》き叫び、悲嘆すれば
活路が見出せるとでも言うのか⁉
天よ
父が死んだ琅邪《ろうや》の山を打ち崩せ！
（楽府「善哉行《ぜんさいこう》・その二」）

威風堂々たる騎馬隊の進軍（漢代後期）

05

曹操の先祖は漢の名門だった

曹操は華美を好まなかった。老荘的思想によるものかも知れない

曹家の故郷は華中の譙《しょう》(今日の安徽《あんき》省亳《はく》州市)。秦を滅ぼした劉邦を扶《たす》けて、ともに漢王朝の土台をきずいた曹参いらいの名門である。譙の二大勢力、曹家と夏侯《かこう》家は同族で、しかも皇族(劉家)とつながり、郷党を結集した地方軍団と、皇帝直属の閹軍団の両方にパイプをもっていた。曹操は、それら軍団の若きリーダーとして成長してゆく。

古柏。数千年以上の古木も少なくない

06

豪族曹家と夏侯家の結びつき

画像磚にレリーフされた漢代前期の豪族の生活の様子

漢を創業した劉邦の手足となって活躍した者に、夏侯嬰《かこうえい》がいる。劉邦、曹参とおなじ沛《はい》の出身で、三人はいわば身内の間柄である。曹家繁栄の土台には、曹操を軍事的にも支えてきた夏侯一族との強力なつながりがあった。

門の左右を守る豪族の門衛

曹操のライバル袁紹は、宮中にはびこる宦官（白服）を皆殺しにした

安野光雅画「宦官誅滅」

07

後宮にうごめく宦官たち

寺廟の祈り。後宮には、皇帝以外に「男」はいなかった。宦官の多くはあくなくことなく権勢をむさぼったが、役立たなくなれば、弊履（へいり）のごとく専用の寺院に送りこまれて果てた

宦官《かんがん》とは？――皇帝ともっとも身近に接する、性器を切除された男性である。いわば奴隷だが、ごくわずかながら、皇帝に信頼された秀逸な宦官もいた。曹一族の中興の祖ともいわれる曹騰《そうとう》である。彼は四人の皇帝に仕え、絶大な権力を手にして、夏侯家から養子（曹嵩《そうすう》＝曹操の父親）をもらった。すなわち曹操は、血はつながらないが宦官の孫だった。

亳州市（譙）に今も残る曹一族の戦争用地下道

豪邸の庭院と櫓（壁画・漢代）

08

曹騰の残したもの

宦官の考え方や生活の実態を知ることは、中国文化の深奥を理解するために必要である。また最も高位の宦官だった祖父曹騰に愛育された、曹操の人格を知るためにも——。

牛と牛舎

高級宦官は、皇帝の身の回りの世話から芸術的な美術品のコレクションにいたるまで管理した。このガラス杯はシルクロードを渡ってもたらされた

地中深く、墓室の入口を護る怪獣把手の拓本（漢代）

飢えた農民は起たざるを得ない。村の青年は家族と別れ……

安野光雅画「黄巾蜂起」

09

黄巾《こうきん》の乱と若き英雄たち

雨水にえぐられた黄土台地の地形

兵役と飢えに追いつめられた農民たちが、黄色い旗をたてて、各地で次つぎに蜂起してゆく。政権の求めに応じて、それらを鎮圧するために若き豪雄たちが立ちあがる――譙に雌伏していた曹操、渤海太守だった袁紹《えんしょう》、チャンス到来をまちかまえていた涿県《たくけん》の劉備(このとき、その護衛官に呼応したのが関羽《かんう》と張飛《ちょうひ》である)、さらに兵士千人を糾合して朝廷軍に馳せ参じた呉の孫堅《そんけん》(のちの呉王孫権《そんけん》の父)……。

馬上の漢（おとこ）

玉の勺（漢代後期）

10

血に飢えた山犬董卓《とうたく》、参上！

黄巾破れて
山犬董卓
みずから天子の座を狙う
は〜は
この世は
そんなもんかいな♬

民間の寄席演芸者

馬上から弩(ど)で狙い撃ち

霊帝崩御のすきを突いて、皇帝の軍事力を一挙に掌握したのが、西方の「山犬」(あだ名)董卓。首都洛陽を軍事制圧すると、董卓は少年皇帝の首を献帝《けんてい》にすげかえた。そしてみずから最高司令官の地位につき、取りまきに向かって言い放つ――「どうじゃ、わしの人相は天子にふさわしくないか?」だがそのころ、袁紹《えんしょう》や曹操らによる反董卓同盟が……それを察知した董卓は急遽、西の首都長安に遷都する。董卓とあらくれ軍団の蛮行は、とどまるところを知らない――。

11

反董卓連合軍の結成

世はすでに乱世。絶対権力を一人占めした董卓は、少年皇帝を廃して弟を即位(献帝)させる、横暴は尽きるところを知らない。譙軍団をひきいる曹操は、ついに反董卓の義軍をおこす。ときに曹操、三十五歳――各地の豪雄らは袁紹を盟主におしたて、董卓は長安で部下の呂布《りょふ》に刺し殺された。

だが、たとえ乱世がこようとも、民百姓《たみひゃくせい》は生きのびねばならぬ。中国北方、黄土台地の特産は、小麦粉を練った餅《ピン》である。味わい深く、美味――。

行進する銅製の軍馬(漢代後期)

一家総出、池で魚をとって、鳥を射る（画像磚）

董卓（『増像全図三国演義』より）

12

豪雄たちの思惑

ほとんどの豪雄たちの心のうちは、実は董卓と同じだった。誰もが、己が権力を取りたいのだ。袁紹しかり——ほどなく彼は弟の袁《えん》術《じゅつ》と仲たがいし、互いに戦火を交えることになる。

駆ける馬（漢代後期）

潁川（えいせん）郡の許（許昌市）は、果てしなく広大な黄土地帯、
小麦を刈る季節の光景は、感動的ですらある

13

献帝と曹操の出会い

魏洛陽城の獣面鬼瓦。漢帝国は、その下に魏・蜀など国の行政単位があった

董卓のなきあと、長安で内部抗争が激化、献帝は旧都洛陽への脱出をこころみる。それを迎え入れようとする曹操の軍団――天子を奉戴《ほうたい》し、離反した群臣を糾合し、農耕に力をいれ、軍資をたくわえたい……献帝は十五歳になっていた。曹操はついに洛陽に乗りこんで献帝を守護、献帝は漢の最高司令官の印を曹操にさずけ、許に遷都した。

ここに魏国の城跡がある（許昌市）

サイコロで遊ぶ庶民

14

青州兵の吸収

曹操には信頼できる荀彧《じゅんいく》や鮑信《ほうしん》という補佐がいた。彼らの意見にしたがって青州《せいしゅう》(済南国)の黄巾軍数十万人を傘下に擁し、精兵をよりすぐって(青州兵)「屯田《とんでん》政策」(農作と兵事に従事する兵士)を重視、軍事的基盤を強固にしていった。

許昌に根づいた屯田は、今日も小麦の豊作をもたらしている

強い風雨にえぐられた黄土の台地に育つ子供たち

戦場で生きぬくためには、日頃の武闘訓練が必須である。とくに一定の距離を置いて勝負を決する弓や弩(ど)は、たゆみない習練がものをいう(漢代画像磚)

15 張邈《ちょうばく》の裏切り

斗獣紋緑釉陶壷

盟友の張邈が、呂布と結託して曹操を裏切った。曹操は落馬して手にも火傷を負うが脱出、折もおり、周辺は大旱魃とイナゴの大群に襲われ、戦《いくさ》どころでなくなる。曹操が天子を奉戴したのは、翌年（一九六年）秋のことである。

16

許都に献帝をむかえる

許昌市の広大な麦畑にたたずむ許城の址。

建安元年(一九六年)、四十二歳の曹操は許に皇帝を奉じ、河南の一帯を支配下においた。しかし、権力を手にして有頂天になる匹夫《ひっぷ》の心境とは、ほど遠い。詩「善哉行」にうたう――天子を奉じても、万民の教化がいかに困難か、いったい誰が知ろう……。

いかなる人間になろうとして、
日々、自分は生きているのか?
雨には止む時がある。
だが、わが憂いの尽きる時はない。

漢の若きラストエンペラー献帝と、それに次ぐ権力者、司空（しくう）
の曹操は、時々、ここで鹿を追って狩りをたのしんだ

官渡の戦いで窮地におちいった曹操軍は、敵の兵站を急襲して戦況を逆転

安野光雅画「兵站急襲」

17

官《かん》渡《と》の大激戦

年余におよぶ、宿命ともいうべき袁紹・曹操、二大豪雄の激突の幕は、ついに切って落とされた。建安四年(一九九年)夏、戦場は黄土台地を貫流する母なる黄河のほとり、官渡。曹軍ははじめ局地戦で敗れ窮地におちいるが、敵の兵站《へいたん》車を急襲して戦況を逆転する。

人面鎮墓獣(東魏時代)

官渡古戦場に吹きわたる夏の涼風——耳を澄ませば、袁軍と曹軍の鬨（とき）の声がわたってくる。今では、まるで互いをなつかしむように……

曹操が馬をつないだといわれる場所

18

曹操に恩を返した関羽《かんう》

褐緑釉躍馬俑（漢代前期）

関羽は三国志の英雄のなかでも、三指に入るほど中国大衆に人気がある。財神にまつりあげられたのは、彼だけである。

官渡の戦いの直前、劉備が企んだ魏の曹操暗殺計画が発覚、曹操の逆襲によって関羽が捕らえられた。が、曹操は関羽の人柄にほれこみ、処刑しなかった。その恩返しに、関羽は白馬の戦場で大奮闘、袁紹の武将・顔良《がんりょう》の首級をあげる。礼をつくすと、関羽は劉備のもとをめざして馬にムチをあてた。

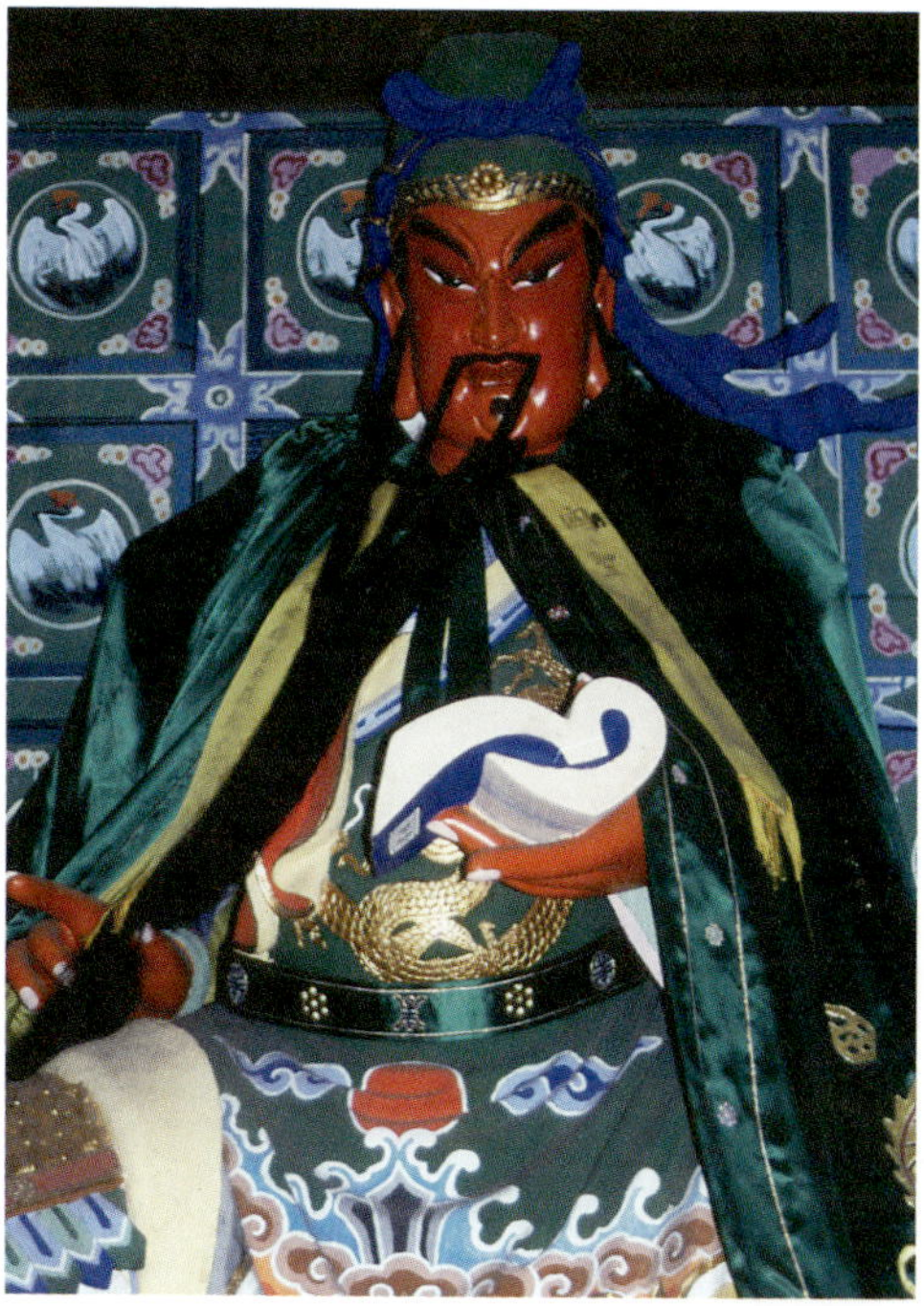

関羽の像

「関帝廟」の額

19 死地からの脱出

官渡をめぐる袁・曹両軍の戦いは、長期戦になるほど兵士・物糧で劣る曹操に不利だった。「いったん兵を許に引きあげたい」――気弱になる曹操を、許を守る参謀荀彧が叱咤する――曹家の祖、曹参殿は高祖(劉邦)の盟友として項羽と戦いぬきましたぞ！

だが曹操軍の兵糧は底をつき、兵士らは疲労の極にあった。とそのとき、天の助けというべきか、袁紹軍の参謀が、曹操陣営に寝返ってくる。たちまち戦況は逆転、曹操は死地を脱出し、勝機をつかんだ。

黄土台地

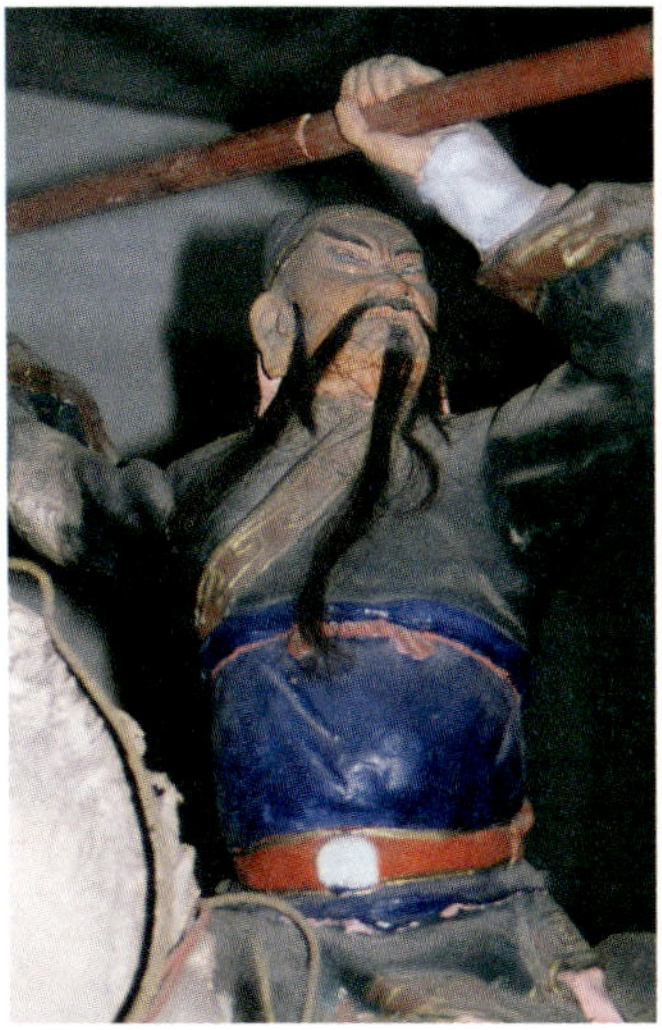

奮戦する豪傑

戦場となった大黄河のほとり

呉の孫権は、老将の「偽白旗（画面中央）の策」を入れて魏との戦いを決断する

安野光雅画「孫権決断」

20

赤壁《せきへき》の決戦、曹操敗れる

「官渡の戦い」の八年後、蜀の劉備・諸葛亮《しょかつりょう》(孔明《こうめい》)と呉の孫権・周瑜・魯粛《ろしゅく》が仕組み、魏の曹操に戦いをいどんだ「赤壁の決戦」は、魏の敗北に終わる(二〇八年)。史上、三国鼎立のきっかけをつくった重要な戦《いくさ》だったとされるが、実は曹操敗北の真の原因は、魏の大軍内に疫病(専門家によると発疹チフスという)が急速に猛威をふるい、戦闘どころではなかったというのが、今日の通説である。フェイク(虚説)は、三国の時代からまかり通っていた。

赤壁（現在の湖北省咸寧市赤壁市）

21

赤壁の風景

『三国志』ファンにはよく知られた「赤壁」の風景は、訪ねるたびに印象がことなる。大河の水位の変化が激しく、また四季の風光の移りかわりとともに、旅人の歴史観が、年齢に加えて異なっていっているためかもしれない。

曹操

赤壁古戦場

22 戦いの跡

赤壁を舞台にした魏・蜀・呉の戦いは、魏の敗北に終わった。呉の孫権が参謀周瑜・魯粛の策にしたがい、蜀の劉備が諸葛亮の意見を取りいれ、連携して魏に対抗したことが勝因につながった。荊州の地は、蜀と呉が支配することになった。が、周瑜は今こそ、蜀を平定するチャンスだと、孫権に上奏する。かくして蜀と呉は、新たな緊張関係に直面してゆく。

赤壁に立つ周瑜（しゅうゆ）の像

赤壁合戦の図

赤壁での激戦は、実は疫病との戦いだったといわれる

安野光雅画「戦艦炎上」

23

紫金山にある孫権の墓

孫権の墓は南京の紫金山《しきんさん》のふもとにある。陳寿の『呉書』によれば、孫権には生まれたときから高貴の相があったといわれる。

南京孫権像

孫権墓参道に建つ石の巨象

孫権墓

24

石頭城の偉容

石頭城跡（江蘇省南京市）

孫権は呉の初代皇帝である。若い頃は曹操にも信頼されたが、やがて江東(長江の東)に強大な独立王国をうちたてた。石頭城は戦いにそなえた、レンガ造りの強固な砦である。

石頭城跡碑

25

劉備の煽動から目覚めよ

赤壁で敗れて三年後、曹操は心境をつぶさにつづった書簡を孫権に与えた。「そなたは……血気盛んな年齢だが（孫権は曹操〈四十六歳〉より二十歳若かった）……われらの親しい間柄を変えてまで劉備の煽動による軍事摩擦と捏造された離間策にのせられ、このような事態をまねいた。かつて赤壁の役では、ひどい疫病に襲われ、船を焼きはらって自ら帰還した……周瑜《しゅうゆ》の水軍に制せられたのではない……」（『文選』巻四二に収録）

この書簡を信ずるか否か――

三国志理解の、ひとつの鍵である。

劉備の武将・張飛

三国争奪の地、荊州

蜀の劉備・諸葛亮が根拠地にした漢中の落日

26 漢後期の詩人たち

政治家・軍人としてよりも、曹操は詩人・文学者として生きたかったであろう。残された詩作品の質と数が、それを示している。鄴城《ぎょうじょう》に銅雀台《どうじゃくだい》を築き、その台上に才能あふれる若人を集めて詩賦《しふ》を吟じた。息子の曹丕・曹植はじめ荀彧・荀攸《じゅんゆう》・崔琰《さいえん》・夏侯惇《かこうとん》……曹操は「求賢令《きゅうけんれい》」で布告している——「天下はまだ安定しておらず、今日ほど賢者を求めるに切なる時はない……」

吼える犬（漢代後期）

官渡古戦場に水飲場の跡がある

27

はかない人生の途上で

禅問答でもしていたのだろうか。許昌にて

曹操、五十六歳、すでに人生の黄昏《たそがれ》を感じつつあった。少なくとも彼の心のなかで「赤壁の戦い」以後、中国の戦火は鎮静に向かいつつあった。漢の政治体制が一応の落ちつきを見つつあったとき、曹操は必然的に文学(詩)に直面する。

酒宴の席だ、短歌行《たんかこう》※でもうたおうか。
ああ、人生などというものは、
朝露《あさつゆ》のようにはかなく消えてゆき、
残された日々は、すでにわずか。
何かしれず憤《いきどお》り、声高らかに歌っても、
心中の憂い、晴れはせぬ。
無理にも憂いを忘れるには、
酒のむほかに何があろう――

※宴会の席上でうたわれる詩。

張潘故城の城壁跡。献帝は一時、ここに遷都した（許昌）

28

ああ何と仕合わせ

闘う兵士（西晋）

曹操はうたいつづける。

いかに長寿の亀でさえ、
ある日かならず死が訪れ、
龍が雲霧に乗じて天翔《あまか》けようと、
ついには一塊《いっかい》の土灰《つち》と化す。
だが、飼馬桶《かいばおけ》に伏す老いた駿馬《しゅんめ》は、
いまなお千里の山野を馳《は》しる気概あり。
烈士は、たとえ老い先短くとも、
己の壮志を捨てはせぬ。
　ああ、何と仕合わせ、
　思いのたけを歌にせん！

門に鎮座する怪獣の石彫。亳州市にて

黄河の濁流

漢の都・洛陽の春の柳

29

建安文学の華

曹操・曹丕・曹植

英明な父上の遊楽に随い、
銅雀台に登って心ゆくまで眺めわたせば、
ひろびろと開かれた鄴《ぎょう》の都、
これが、わが父上が営まれるところ。
高殿は堂々とそびえ建ち、
物《もの》見《み》櫓《やぐら》は対《つい》になって天空に浮かぶ。
中天に風をむかえる楼は華《はな》やぎ、
空を飛ぶ閣《かけはし》は西の城に連なる……
（曹植「銅雀台に登りし詩」より）

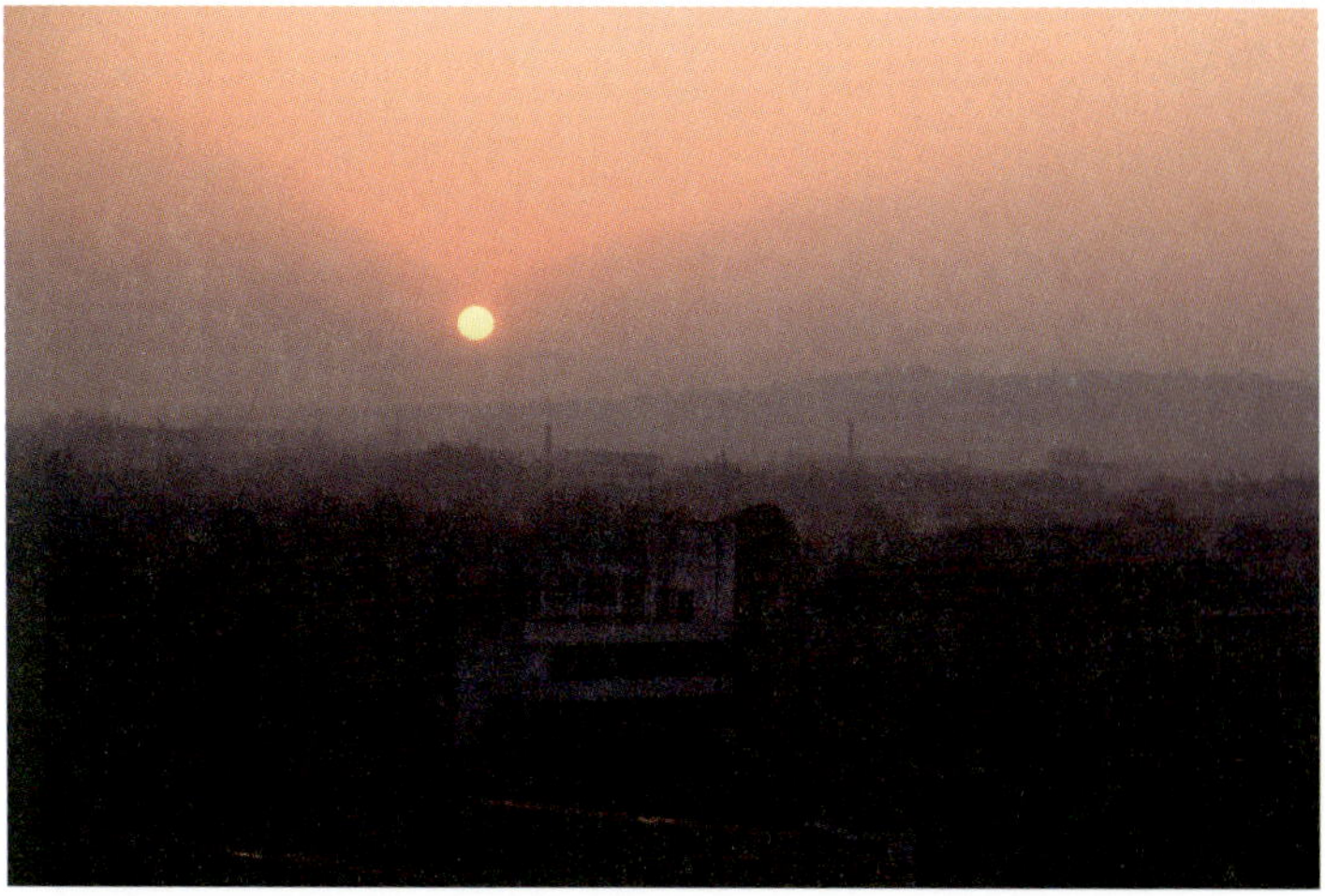

洛陽の日没

思うに、文章をつくるということは、国を治めるにも等しい大事業であり、永遠に朽ちることのない営みである。人の寿命には終わりがあり、名誉も楽しみも、その肉体とともに消え去る。……文章のもつ無限の生命には及ぶべくもない。

（曹丕『典論』より）

30

曹操に殺された者たち

最高権力者(漢の丞相《じょうしょう》)となった曹操によって、理由はともあれ、晩年十年間に殺されていった者のリストをあげれば――孔融《こうゆう》、荀彧(曹操によって自殺に追いこまれた、とする史書がある)、献帝の伏《ふく》皇后、崔琰《さいえん》、曹植の妻、楊脩《ようしゅう》……漢帝国の安定は無論だが、自分の没後を視野に入れた、魏の分裂につながる恐れのある者を排除していった気配もある。

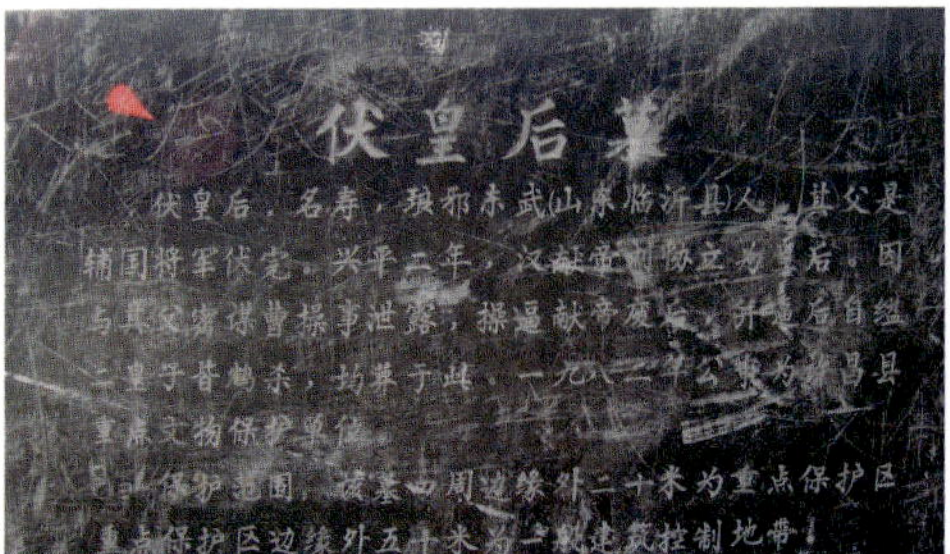

伏皇后墓誌

献帝の后だった伏皇后像。曹操に殺されたとされる

伏皇后の墓（許昌市）

31

道理を乱した孔融の場合

孔融は儒学の祖・孔子の末裔である。伝統ある家柄、高い教養、大きな名声——さらに鼻もちならぬ不遜な一面は、宦官の孫である曹操を見下し、ことあるごとにその政策に反対、皮肉った。孔融の放言が弾劾された機をとらえ、曹操は彼を斬罪に処した。

多くの土器片が埋まっている許城址

三台勝境。曹操は鄴に銅雀台など三つの台を築き、その上で儒教の精神を戦わせた

32

曹操の妻たちⅠ 丁夫人の離縁

曹操には十三人の妻があり、二十五人の男の子がいた。最初の劉夫人は長男(昂《こう》)、次男、長女を生むと早くに亡くなったため、丁夫人が長男を愛育した。ところが昂は二十代で戦死、丁夫人の落胆は激しく、生き残った曹操に「わたしの子を殺した」と責めて止まない。いったん実家に戻らせて迎えに行き「さあ、帰ろう」と優しいことばをかけても、彼女は返事すらしない。「じゃ、ほんとにお別れだ……」曹操は丁夫人と離縁した。この話には、曹操の女性観がよくうかがえる。のちに魏の皇帝となる曹丕を生んだ卞《べん》夫人は、離縁された丁夫人の面倒をよくみて感謝された。それを許したのも曹操である。

つるべで水をくむ夫人たち(東晋・壁画)

授乳する夫人（漢代後期・石製）

33

曹操の妻たちⅡ 曹丕の母・卞《べん》夫人

仕女頭部（塑像）三国魏

曹丕と曹植の母、卞《べん》夫人は、もと娼妓出身の歌い女《め》である。とはいえ、乱世を生きぬいた英雄曹操の妻として、また次代の皇帝（魏の皇帝・丕）となる子の母として、賢婦人ともいうべき女性だった。卞夫人は華美を好まず、刺繍入りの衣服や珠玉は身につけず、食器類も質素なものを好んだ。曹操自身、質朴な生活を信条としてはいたけれど……。

宴会で踊る女性（漢代後期・画像磚）

この画は四川省成都で描かれた。闘鶏・囲碁に興じる庶民

安野光雅画「衆民危急」

34

胡笳《あしぶえ》のうた

蔡文姫《さいぶんき》は曹操の師、蔡邕《さいよう》の娘。詩文と音楽に秀でていたが、乱世に遭遇して異民族にさらわれ、辺境に連れ去られた。そのときの体験が、絶唱「胡笳《あしぶえ》のうた・十八節《ふし》」である。

文姫は曹操によって漢に買いもどされる。三国時代、漢族女性が体験した数奇な運命である。

黄土台地は西北方の砂漠地帯へと連なっている

異郷の地は風習も食べ物も漢とは異なる

胡笳のうた・十八節(抜粋)

天は無慈悲にも戦乱おこし
地は無慈悲にも
わたしをこの時に遭《あ》わしめました……
あきらめていた残りの人生
帰国する日が来ようとは
胡《えびす》の児、強く抱きしめ
あふれる涙は衣《ころも》をぬらす……
天地ほどにもかけ離れた
西に住む子と東の母
わたしを苦しめる怨みは深く
あの大空よりもはてしない
宇宙が広大というならば
受けてみよ!
わたしの怨み!

35

荀彧は殺されたのか

荀彧は、すぐれた容姿と才能をもっていた。若くして袁紹の才覚のなさを見限り、曹操の大器を見抜いて参謀につき、ついに覇王たらしめるに功あった。だが史書には、曹操が魏公になるについてふたりに齟齬が生じ、荀彧は自殺に追いこまれたとする説がある。しかし、真相は今も明らかではない。

許昌の城跡で遊ぶ少年たち

手製農具

曹操がもっとも信頼する参謀、荀彧・荀攸らが出た荀氏一族の塚(許昌市)

36

何をそんなに悲しがる

曹操は中年のころから持病の頭痛に悩まされたが、故郷の譙《しょう》から呼びよせた名医華佗《かだ》(陀)が針を打つとすっきりした。華佗は今日でも、中国医術の祖としてあおがれている。晩年、曹操の治療を放置したため、怒りを買って殺された。

曹操が漢の魏王となったのは六十二歳のとき、すでに彼は漢末の大自然と動乱の渦中に育《はぐ》くまれた、虚無的宇宙観の心境にあった。

華佗の像(清代画)

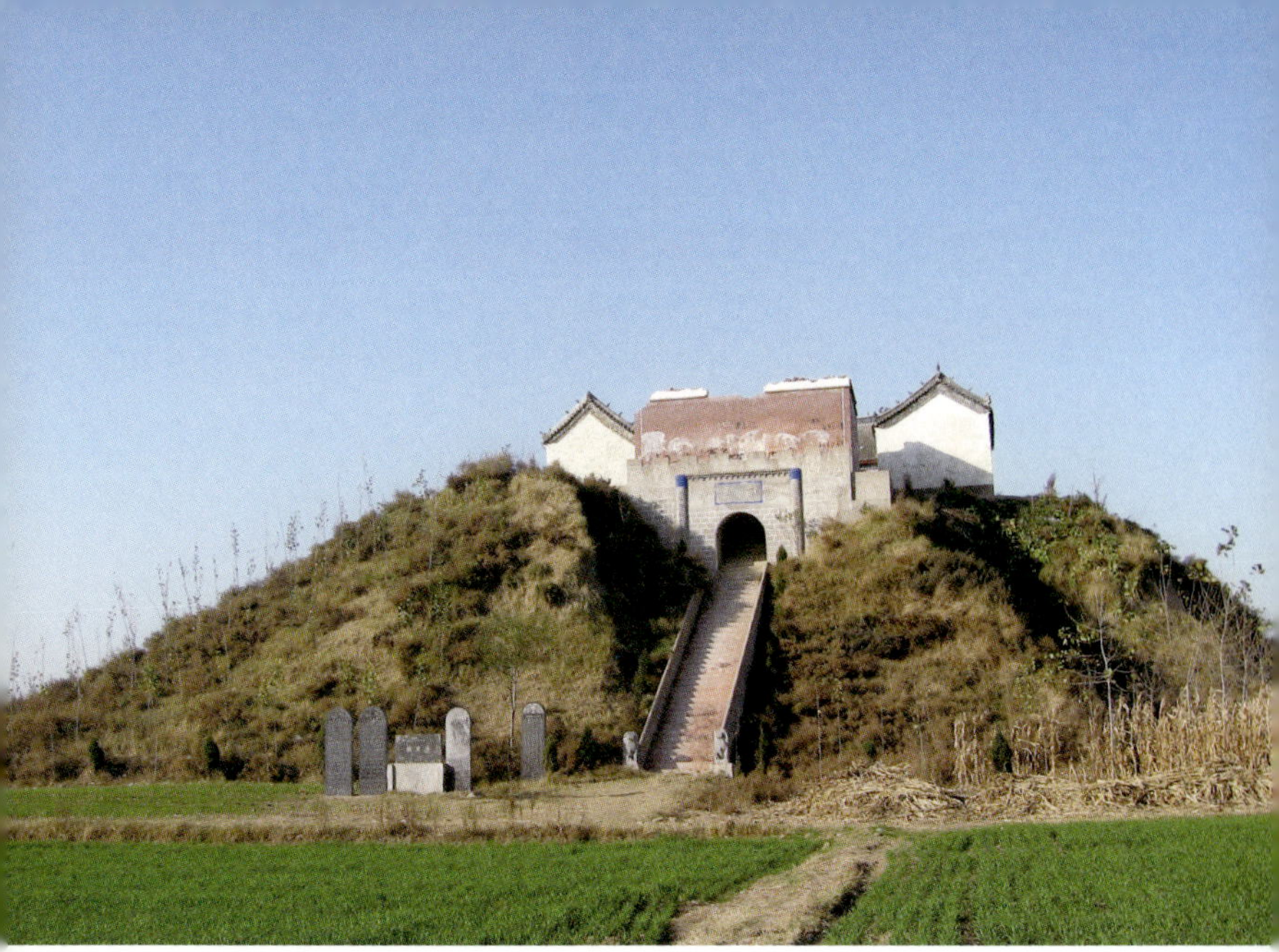
曹操（魏国）の根拠地、許昌の古城址、毓秀台（いくしゅうだい）の春

何をそんなに悲しがる！
心のままに楽しもう。……
光輝いた知恵はもう返らぬ、
誰のために時を惜しんで頑張るのか？
とはいえ、放蕩無頼に生きたとて、
それもまた虚しさをつのらせる。
　心を歌に託すなら、
何をそんなに悲しがる！

37

曹操と名医華佗

「華佗記念館」の扁額。郭沫若（中華民国の政治家・文学者）の書である

華佗は、曹操と同じ譙（亳州市）の出身である。漢（末期）の時代に「麻沸散《まふつさん》」という麻酔薬を使って外科手術をしたことで知られる。晩年、曹操にたてをついたため殺された。華佗は当時、医者の社会的地位が低かったことに不満だったようである。

華佗の像

38

漢皇帝の地位を拒否する

魏の群臣と漢の献帝は、魏王の地位についた曹操に、天命はすでに漢から魏皇帝に移っているゆえ禅譲をうけよと詔勅をくだし、魏国の群臣も帝位につくよう矢継ぎ早やに奏上する。だが、曹家は漢の遺臣である。曹操は魏皇帝の座を断固として拒否する。病《やまい》高じると「終令」を発し、自分の墓は西門豹《せいもんひょう》※の祠《ほこら》の西の高地を利用して、盛り土も植樹も不要だと命じた。

※魏の政治家。黄河などを利用した大灌漑事業を推進した。

古都洛陽は曹操が育った街である

大黄河の雄大な眺め。鄭州市

辺荒与華異
人俗少義理
処所多霜雪
胡風春夏起
翩翩吹我衣
粛粛入我耳
感時念父母
哀歎無窮已
有客従外来

蔡文姫は匈奴にさらわれ子をなしたが、別れて漢に帰郷する

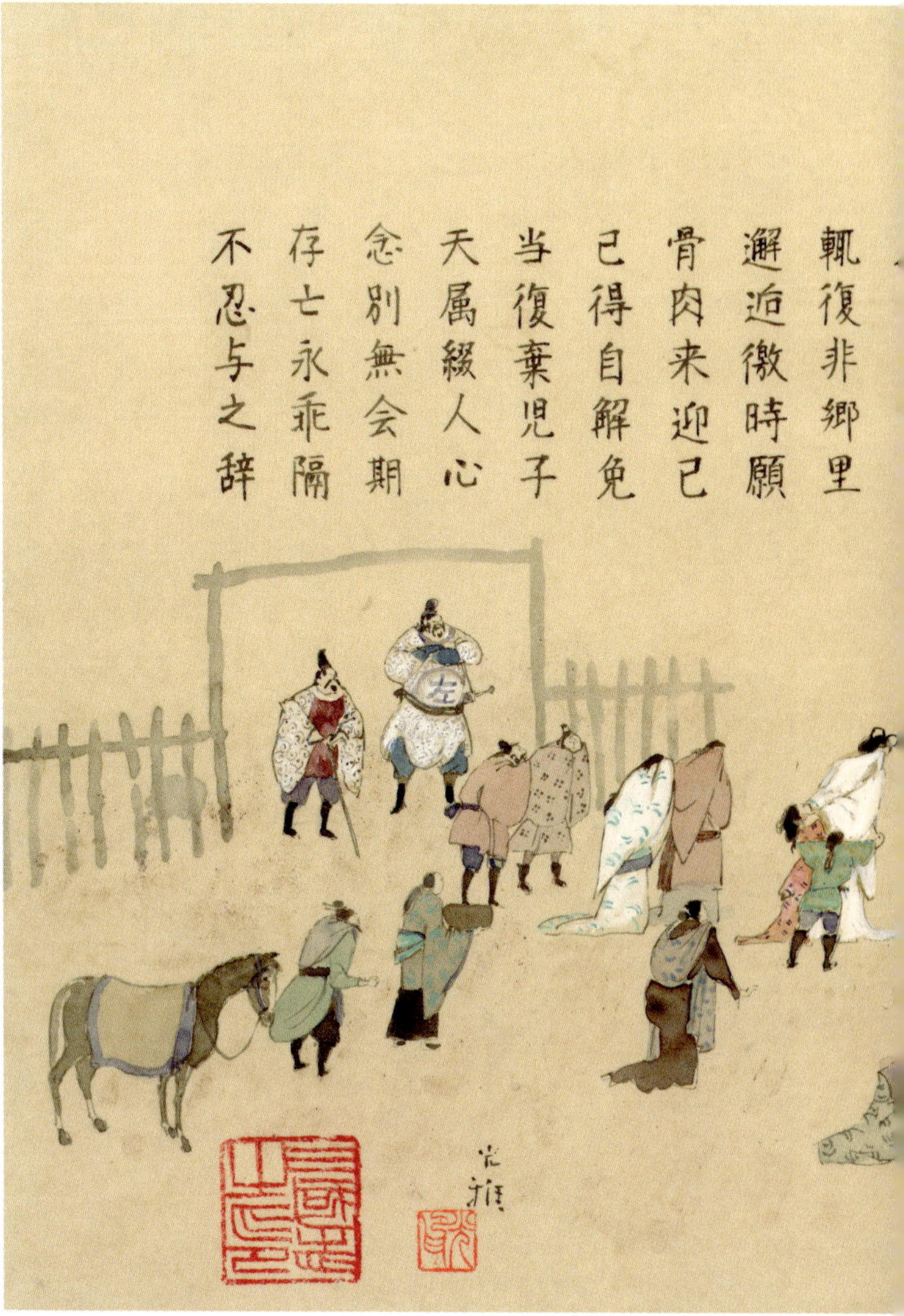

安野光雅画「望郷別離」

39

洛陽にて生涯を閉じる

洛陽の関林

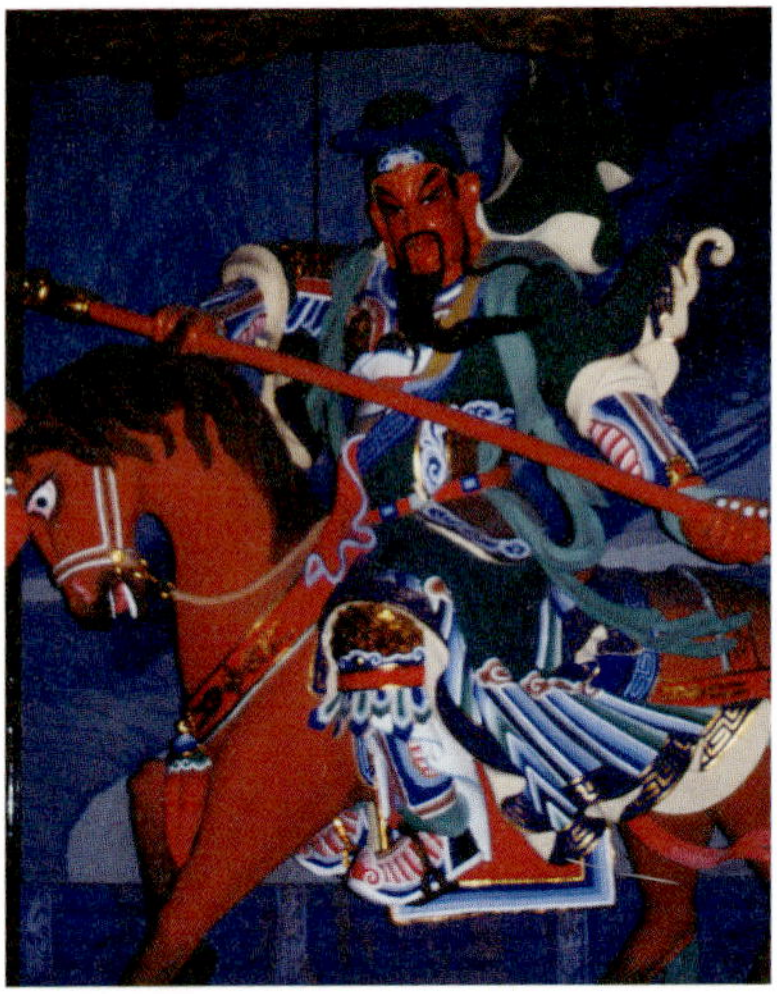

孫権の軍に敗れた関羽は、曹操によって洛陽の
関林に手厚く葬られた

西門豹は魏の無神論者。鄴の県令となり、水利をおこした人物

建安二十五年(二二〇年)正月、病あつい曹操は洛陽にあった。臣従していた呉の孫権が、蜀の関羽を討ちとり、首を送ってきた。曹操は諸侯の礼をもって葬る。

一月二十三日、曹操、洛陽にて六十六年の生涯を閉じる。謚《おくりな》は武王、遺令(遺言)にいう——入棺のときは、その季節の平服でつつみ、鄴城の西の丘にある西門豹の祠堂近くに埋葬せよ。金銀・至宝の副葬品は不要である。

……肩肘はらず、自然のままに死を受けいれた姿が彷彿とする。没後一カ月、二月二十一日、曹操は高陵に埋葬された。

漢魏歴史博物館（許昌市）

40
禅譲と簒奪のはざまで

曹操が他界すると、漢の献帝は鄴都の曹丕に、漢丞相の印綬と魏王の印とともに、冀州《きしゅう》の牧《ぼく》に任ずる詔勅をくだした。反曹丕派への対策、故郷譙への凱旋など、曹丕の身辺は緊張のうちにすぎてゆく。何よりも丕を悩ませたのは、献帝からの漢皇帝の受禅命令と、群臣による受禅を催促する矢継ぎ早やの上奏であった。

許昌故城に残る土壁

41

追いつめられた曹丕

許昌での麦の収穫

禅譲の舞台となった許昌の風景

三国志研究の多くは、曹丕のもとに「漢に代わって即位すべきだと上書がひんぴんと奏上されたが、これは曹丕のさしがねによるもので、曹丕は形式的に辞退した」あるいは、「曹丕は再三にわたって禅譲を形式的に辞退、万止むを得ず、という形で受禅した」とする。

しかしはたしてそのような表層的なものだったろうか？　献帝と曹丕、および丕と群臣との緊迫した上書のやりとりを子細に読みこめば、丕が魏の帝位を受けざるを得ない心境にいたる人の世の政治のありようが、ひしひしと伝わってくる。「文章」は、それと対峙して読むべきである。

受禅台の標識

42 決断

献帝は、群臣の心のうちに、すでに漢王朝が存在していないことを知っていた。群臣たちは、「魏王朝の臣下」として生きたいのだ。いまや禅譲を受けるか否か、その決断は魏王曹丕ひとりの双肩にかかっている。もし父曹操と同様に、最後まで皇帝の座を拒否しつづけたなら……曹丕は、献帝・群臣と対決するほかなかったであろう。

ついに曹丕は「可《か》」と、受諾する。

黄河

今日も残る受禅台。曹丕はこの台上で、天に魏の皇帝となることを誓って、漢から禅譲をうけた

43

漢献帝の禅陵

曹操没した年（二二〇年）、漢の献帝は魏王曹丕に帝位を禅譲、以後は山陽公として、天子に近い待遇のまま余生をすごす。魏の青龍二年（二三四年）、五十四歳で他界。

墳墓のまえに「禅陵」の石碑が立つ。文化大革命（一九六六年）の折に打ち壊され、修復されたあとが残る。

献帝禅陵の墳墓（河南省修武県）

漢献帝禅陵

漢献帝の墓

44

甄《しん》后《こう》と曹植の恋

曹植の墳墓

曹植陵園

甄后は曹丕の妻で曹叡《そうえい》(のちの明帝)の母だが、丕が文帝となって皇后位についた。だが、ふとした失態で丕の怒りを買い死を命ぜられる。丕の弟曹植は、実はその兄嫁に道ならぬ恋をしていた。殖は「洛神の賦」という詩を詠み、洛水(河の名)で溺れ死んだ女神に託して、亡くなった甄后への想いをつづる——

……なで肩につづく
白絹をつかねたような腰あたり、
うなじに匂う白い肌、
あまい香も白粉もつけず、
黒髪ゆたかに柳の眉……
薄絹の一衣、風にたなびき、
この世のものとも思えぬ、
その艶なる姿……

曹植墓

45

中国史上、まれな禅譲劇

漢王朝から魏王朝への政権交代は、曹操・曹丕による王権簒奪などというものとはほど遠く、実に中国史上最初の理想的な禅譲劇だった。そのような平和的な政治世界の到来をこそ、血なまぐさい戦場をかけめぐってきた英雄・部将らは切望していたのである。曹丕は繁陽に祭壇をきずき、その壇上で帝位につく。魏の文帝となった曹丕は、洛陽に王宮を造営して遷都する。献帝は山陽公※(封土は一万戸)に封じられた。

※山陽郡は現在の山東省西部。

許昌城の残壁

魏の文帝（曹丕）像

46
劉備、皇帝を称す

天険の要塞といわれる蜀の地を手中におさめた劉備は、曹丕が漢から皇帝位を禅譲されたと聞くや、みずから漢中王と称し、成都で漢の皇帝位についた(蜀漢)。丞相は諸葛《しょかつ》亮《りょう》(孔明《こうめい》)である。だが劉備は魏・呉の連合軍に関羽を捉えられ、その弔《とむらい》合戦に出陣する直前には、張飛《ちょうひ》が部下に寝首をかかれる。そのうえ自らも、呉との戦《いくさ》(夷陵《いりょう》の戦い)において、白帝城で病にたおれ、蜀の命運は孔明の手ににぎられることになった。

雄将関羽の像。呉軍に捕われ、首は曹操のもとに送られた

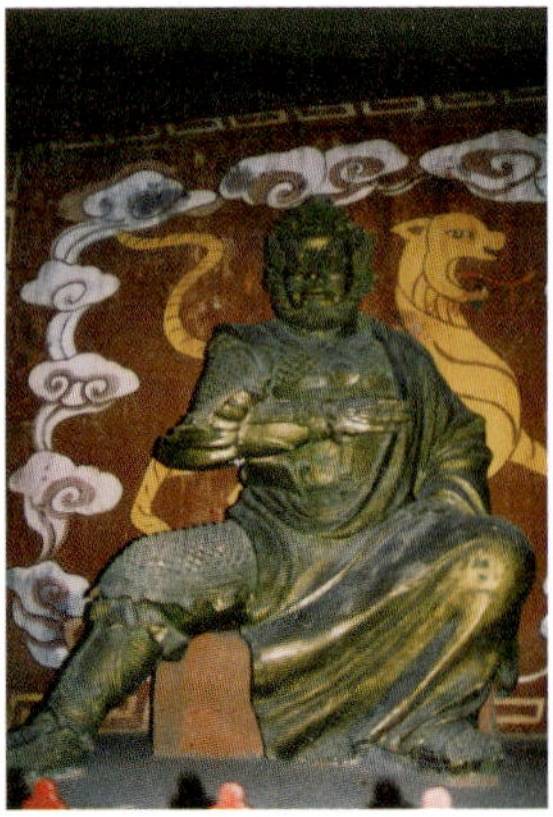
蜀の武将(塑像)

荊州街

荊州古城

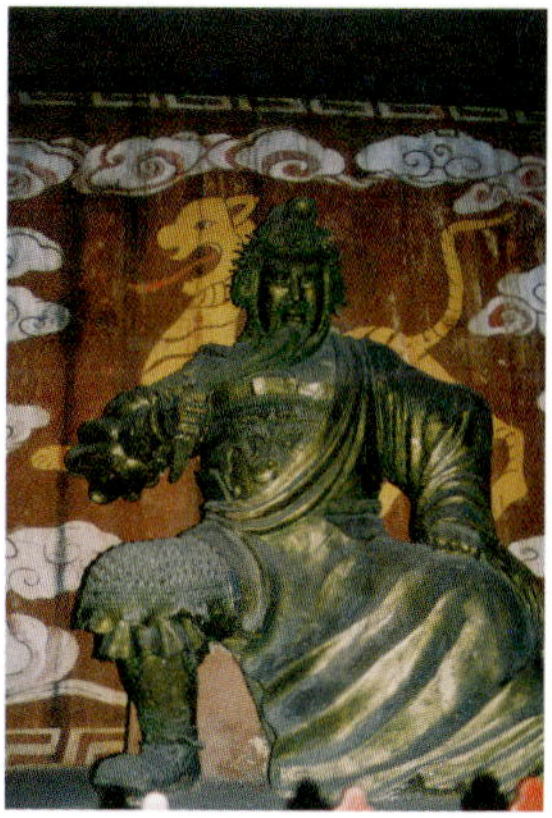

蜀の武将（塑像）

47

劉備の出自

劉備は漢の創業者「劉邦」の流れをくむといわれるが、実ははっきりしない。それをもりたて、三国の闘争のなかで肉付けしていったのが、謀臣諸葛亮である。

涿県にたつ「漢劉備の故里」の碑

劉備の像（洛陽の関帝廟）

涿県の趙雲廟の景観

48

曹操と張飛は親戚だった

大衆小説『三国志演義』のファンであれば、この見出しに驚くかもしれない——えっ？　あの魏の英雄曹操と、ともに天をいただかぬほどの覇をきそった蜀の大将軍張飛《ちょうひ》が、お互いに親族としてつながりがあったとは⁉

だが、これは史書に載っている事柄であり、今日まで多くの歴史家たちに見過ごされてきた。

長江ぞいの仙人橋。この辺りで張飛は部下に寝首をかかれた

年画は吉祥の刷りもの。『三国志演義』の豪傑たちは人気のテーマだ。魏の曹操像

49

連れ去られた少女

陳寿『魏書』の「諸夏侯曹伝」の註に引用された『魏略』という史書によると、曹操の族弟《ぞくてい》(一族の弟分《おとうとぶん》)夏《か》侯淵《こうえん》の次男夏侯覇《は》には、十三、四になったばかりの年頃の従妹があった。ところが彼女は、山に入って薪採りに夢中になっていて張飛の荒くれ軍団に遭遇、連れ去られてしまう……。

張飛(左上)の長坂橋における大喝の図

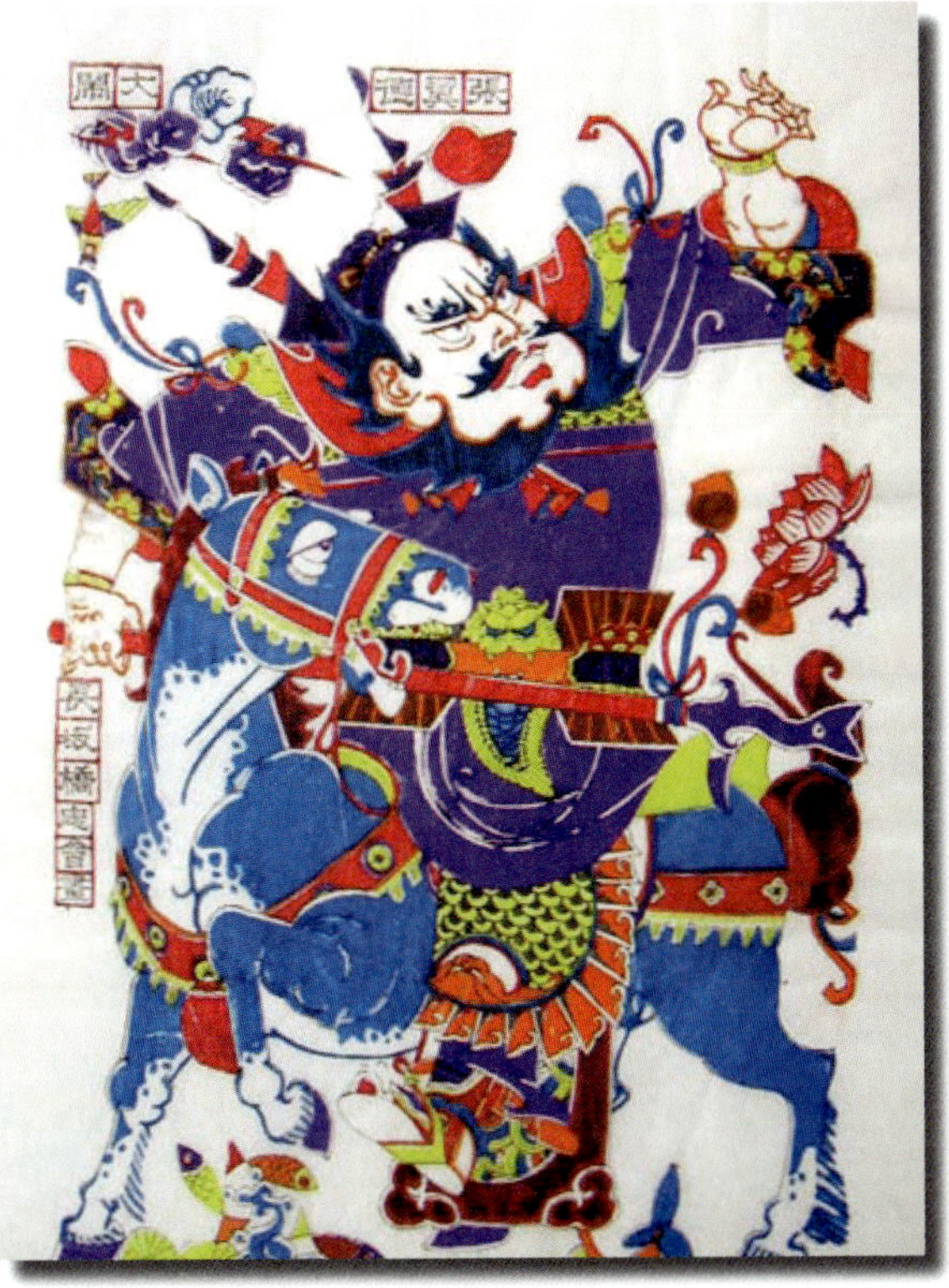

蜀の張飛像・年画

50

蜀の皇帝の妻となる

……張飛は、彼女が良家の娘だと見抜くと妻の座をあたえた。こうして産まれた女児が、のちの蜀の皇帝劉備の長男、すなわち二代目皇帝劉禅《りゅうぜん》の皇后になるのである。つまり張飛の妻は夏侯淵の堂姪《めい》(父方の同姓の侄)で、親類間の幼長の順でいえば張飛は夏侯淵の「堂姪の婿」ということになる。

曹操騎馬像(許昌市)

三曹記念館

　張飛は淵の堂姪の婿だから、また曹操の堂姪の婿でもあり、それだけではなく蜀の二代目皇帝劉禅（皇后は張飛の娘）もまた、曹操の隔房《かくぼう》（大家族制のなかで別棟に住む）の侄孫女婿《めいのむすめのむこ》にあたるわけである。（164頁の系図参照）
　治世であれ、乱世であれ、人の世における運命的なめぐり合わせというものは如何ともなしがたいものである。

51

戦下でも兵戈を交えず

次の話も『魏略』に記録されていることだが――建安五年(二〇〇年)一月、曹操が自ら軍をひきいて劉備を撃破し、ふたたび徐州を占領、曹・劉二大集団はつねに尖鋭な対立をつづける。それゆえ曹操・張飛はお互い親戚でありながらも、かえって親戚付き合いや挨拶などする機会はなかった。とはいうものの、いざ双方で兵戈を交えて対峙したおりは、互いが親戚関係にあることを忘れさることはなかったであろう。

張飛の祠(許昌市)

長江岸壁上の亭

農家の門に貼られた吉祥の年画

52

張飛の妻、淵を埋葬する

建安二十四年（二一九年）、劉備が兵を進めて漢中地区を奪おうとした。建安二十年（二一五年）以来、ずっと漢中を守りつづけてきた夏侯淵が応戦したものの、淵は定軍山《ていぐんざん》において劉備軍の勇将、黄忠《こうちゅう》に殺される。そのことを聴き知った張飛の妻（すなわち夏侯淵の堂姪《めい》で、曹操の堂姪でもある）は、すぐさま「請《こ》いて之《これ》を葬《ほうむ》れり（願い出て、淵を埋葬した）」。ささやかながらも、親族の死に対して孝の道をつくしたのである。

三国戦乱期の、記憶にのこる一挿話である。

皇帝のシンボルは龍であった

53

したたかな孫権の独立

赤壁の戦い(二〇八年)で曹操を退けたあと、呉の孫権は劉備と荊州の地を争い、蜀を総攻撃して関羽の首級をあげ、魏に送り届けた。おさまらぬ劉備は、関羽の仇をとるべく、孫権に「夷陵《いりょう》の戦い」をいどむが、かえって敵将陸遜《りくそん》の火攻めに敗退する。呉は巧妙に魏とわたり合い、しだいに独立してゆく。

武漢の黄鶴楼(こうかくろう)からの眺め

紹興酒は呉の特産

呉の貴族生活図

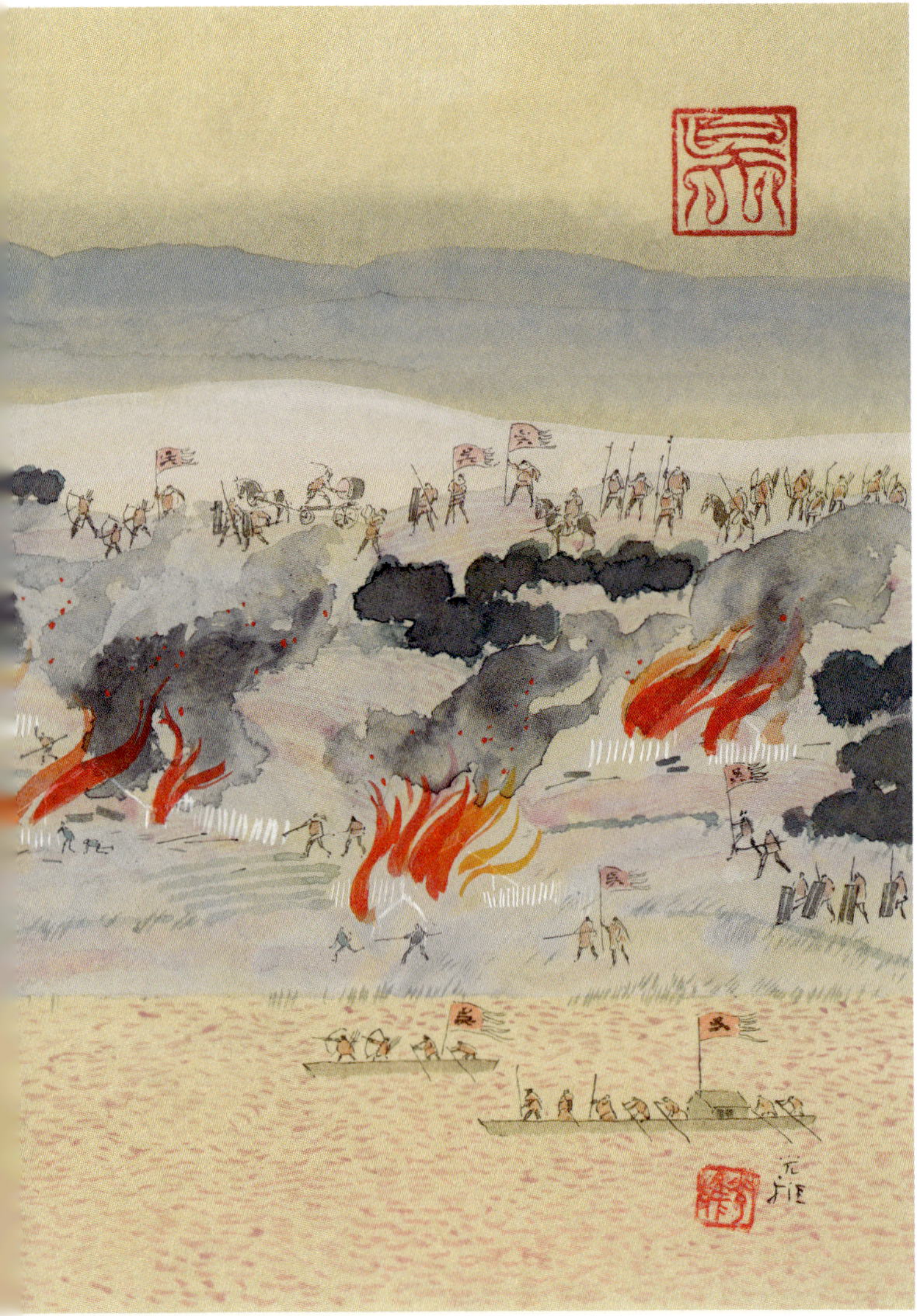

関羽の弔合戦（夷陵の戦い）は、劉備の白帝城での病死に終わった

安野光雅画「陸遜圧勝」

54

関羽の弔合戦

呉軍に関羽を殺害されると、劉備の怒りはおさまらず呉討伐の弔合戦をおこす。舞台は長江にそった夷《い》陵《りょう》、対する相手は呉のわかき将軍陸遜《りくそん》——陸は機をみて一気に火攻めの総攻撃をかけ、蜀軍を蹴散らす。白帝城に逃げこんだ劉備は、そこで病を得てむなしく陣没する。

許昌市街地の西部にある関羽石像

峨々たる三峡（長江）

白帝城。いまは観光地として知られている

55

魏・蜀・呉、ついに鼎立す

夷陵の戦いで蜀軍は敗れ、劉備は病に倒れた。魏の文帝黄初四年(二二三年)夏のことである。蜀は劉禅が即位し、諸葛亮が政治を取りしきる。その六年後、呉王孫権が帝位につき、ここに魏・蜀・呉の三国が鼎立したのである。三国鼎立は、魏の元帝曹奐《そうかん》が、晋王(武帝司馬炎)に禅譲し、呉が晋に滅ぼされる(二八〇年)まで五十一年間つづく。

呉の孫権は南京に首都をおいた

雲南昆明のペー族。雲南には、多くの少数民族が生きている

56

孔明の野望

諸葛亮(孔明)は蜀の劉備の謀臣である。彼なくしては蜀は存在しなかったし、呉と組んで魏と鼎立することもなかっただろう。秦嶺《しんれい》山塊の奥深い漢中の地に、蜀は根拠地を置いた。

蜀に攻めこむには、聳えたつ岩壁に多くの穴をうがって木でつくった「桟道(さんどう)」を行くほかはない。敵の急襲には、桟道を焼き落として侵入を防いだ

荊州故城の街並。この地をめぐって、三国は戦いをくりひろげた

57

出師の表

出師《すいし》の表の真意。

孔明はまったく勝ち目のない大国魏の領土に、都合六回も進攻を試みている。それが蜀の内部を軍事的に結束させるためのパフォーマンスであることは、出陣にさいして書かれた「出師の表」(師〈軍隊〉を出すための決意表明)に、はっきり表れている。孔明は自分の死に場所を求めたのだ。望みどおり、建興《けんこう》十二年(二三四年)の秋八月、孔明は五十四歳で病没、五丈原の戦場の露となった。

雲南省大理。孔明は蜀支配下の南方の異民族対策に力をそそいだ

稀代の策士「諸葛孔明」には、まだまだ謎が多い

58

五丈原の戦い

三国が鼎立すると、蜀の諸葛亮は秦嶺山脈をこえて数度にわたって魏に攻め込む。魏の青龍二年（二三四年）、諸葛亮は五丈原で司馬懿《しばい》と対峙する。しかし、司馬懿に持久戦に持ち込まれ、戦いの途中に、諸葛亮は病没した。

諸葛亮（孔明）

諸葛亮(孔明)の像(洛陽の関林にて)

59

諸葛亮、魏に進攻

諸葛亮は、秦嶺山の深い山中から数度にわたって魏に進攻した。剣門は最大の難所、そこをぬけると五丈原——そこにに立つと、三国の興亡が、鬨《とき》の声となって広大な平原を吹きわたる。

五丈原の遠景

四川省剣閣県にある剣門関

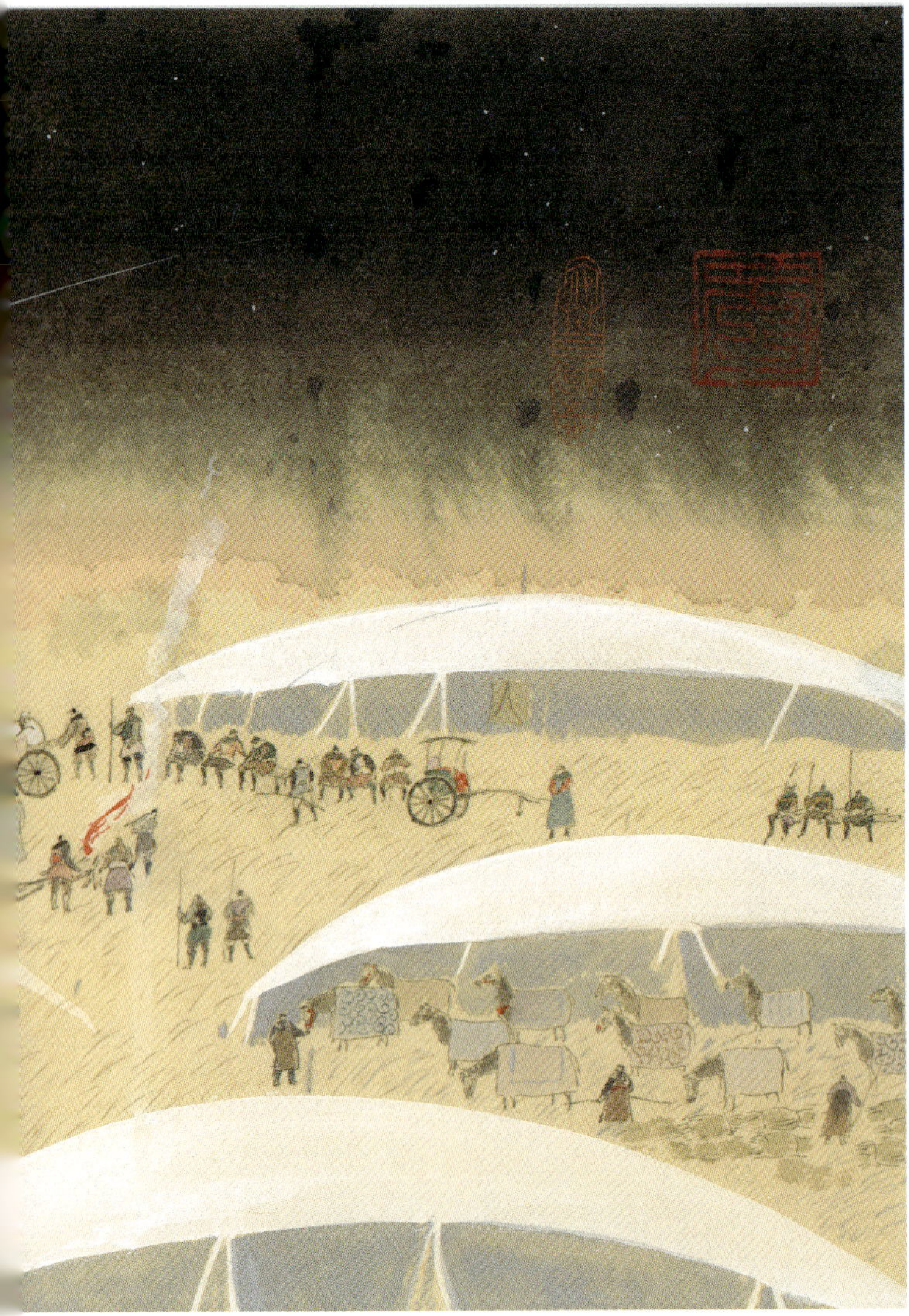

蜀の諸葛亮が五丈原に陣没したとき、ひとつの流れ星が軍営に落ちた……

安野光雅画「流星未捷」

60

司馬懿という男

五丈原で諸葛亮に勝利した魏の最高司令官・司馬懿《しばい》は、明帝（曹操の孫曹叡《そうえい》・魏の第二代皇帝）にあつく信頼された。が、明帝は三十六歳で没し、三代皇帝（曹芳《そうほう》）を託され、若きライバル、大将軍の曹爽《そうそう》（魏の功臣曹真《そうしん》の子）と権力を競うことになる――

豊かな小麦の収穫

秦嶺山中のダム湖

母なる黄土の台地

61

曹氏と司馬氏の確執

曹爽グループの専横は、とどまるところを知らない。司馬懿はかえってなりをひそめ、もうろくを装いながら反撃の機をうかがう。そして、チャンス到来と見るや、その機をのがさず、謀反の企てありと曹爽グループを弾劾、三族みな殺しの極刑に処した。こうして、司馬懿が病没すると司馬師《しばし》が跡をつぎ、魏は着々と司馬一族に実権をにぎられていった。

かつて劉備が荊州入りしたころ、劉備に諸葛亮・龐統《ほうとう》を紹介したのが、荊州の名士・司馬徽《しばき》、それを記念したのが荐賢堂《せんけんどう》である。

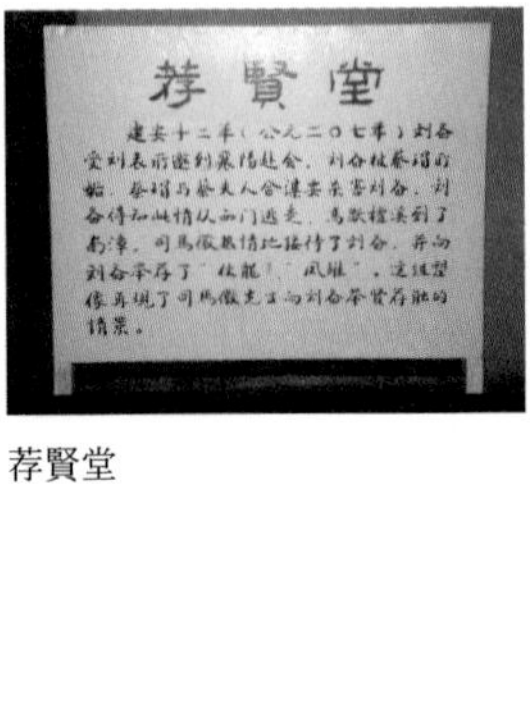

荐賢堂

司馬徽記念堂（荊州）

黄土層にうがたれた横穴式住居

62

魏の廃帝、二代

魏の三代皇帝（曹芳）と四代皇帝（曹髦《そうぼう》）は、ともに司馬師から帝位を廃された。もともと二代目の明帝に子はなかった。つまり曹芳の素性ははっきりせず、司馬師への反逆謀議のかどで処刑されたのである。四代目の曹髦もまた数年後、司馬師の弟・司馬昭《しばしょう》にクーデターをしかけ、逆に護衛官に刺し殺された。あとを継いだのは曹操の孫、曹奐《そうかん》（元帝）である。

青磁羊形器（東晋）

三国時代、豪雄たちが黄土台地をかけめぐった

許昌の秋の実り

63

呉の孫一族、その後

呉の孫権は、夷陵において蜀の劉備に大勝してのち、江東(長江の東)に盤石の体制を築いてゆく。二二九年、呉の帝位につき、建業《けんぎょう》(南京)に遷都、こうして魏・蜀・呉の三国は実質的に鼎立したのである。

長江三峡の奇景

呉の支配下には、古代楚の遺址が多い。湖北省荊州市の楚紀南遺址

64

三国滅亡と晋王朝

だが三国が鼎立した時代は、半世紀しかつづかない。魏の元帝曹奐は曹丕より三代目にして、晋王司馬炎《しばえん》に帝位を禅譲、ここに晋王朝の武帝司馬炎が誕生し、魏王朝も滅びる。そしてそれから十五年、武帝は呉を討伐、二八〇年に呉もまた滅亡して晋による中国統一がなった。

夏期の大黄河（鄭州付近）

太古より、いくたびとなくくり返された国家の興亡を見つめながら、
黄河はいまも悠々と流れつづける——

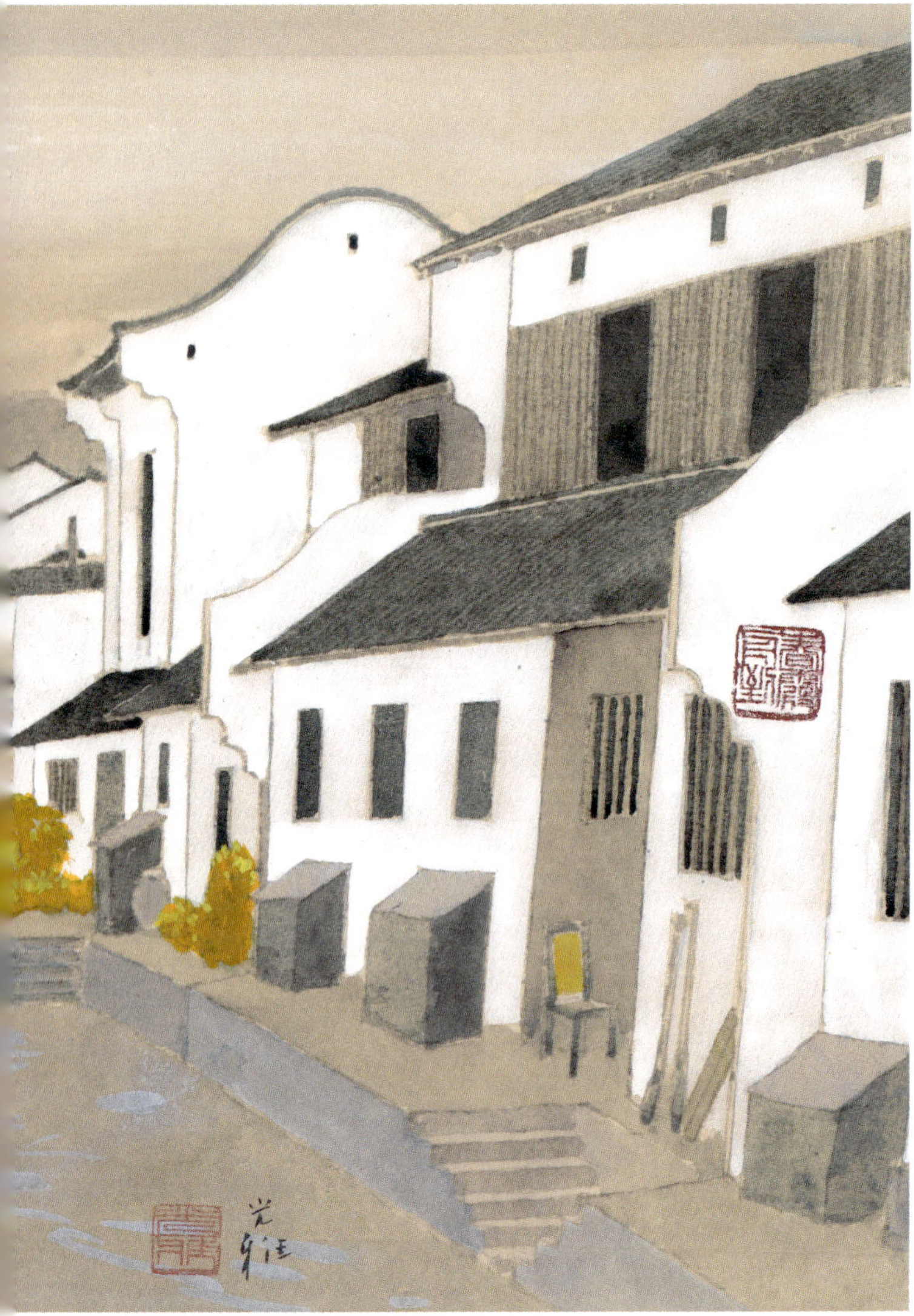

呉の紹興は水郷のまち、特産の紹興酒が美味しい

安野光雅画「紹興悠閑」

三国志関係図・年表

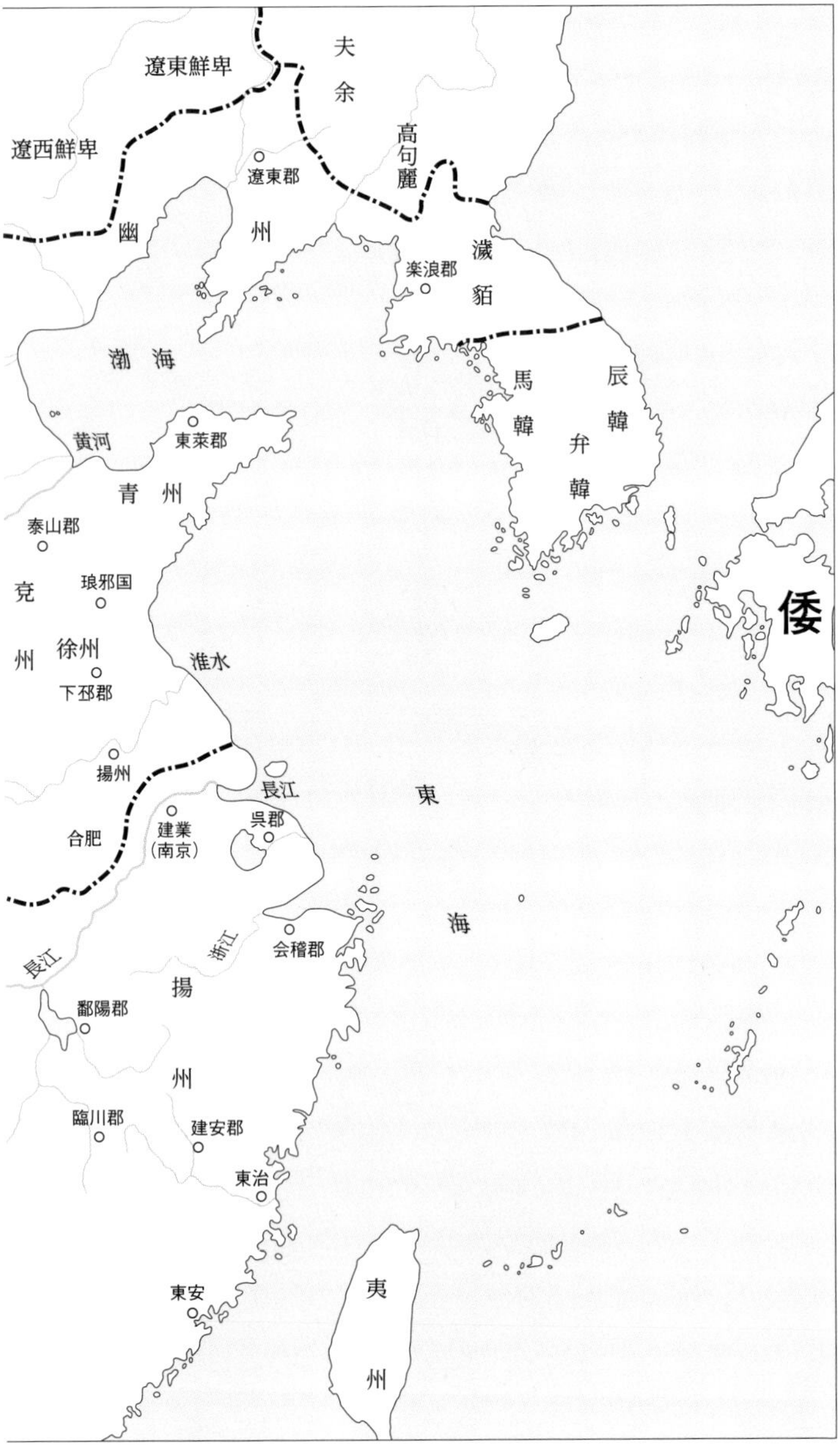
遼東鮮卑
遼西鮮卑
夫余
高句麗
遼東郡
幽
州
楽浪郡
濊
貊
渤
海
馬
韓
辰
韓
弁
韓
黄河
東莱郡
青
州
泰山郡
琅邪国
兗
州
徐州
下邳郡
淮水
倭
揚州
長江
東
呉郡
合肥
建業
（南京）
会稽郡
海
長江
浙江
鄱陽郡
揚
州
臨川郡
建安郡
東治
東安
夷
州

三国時代の中国

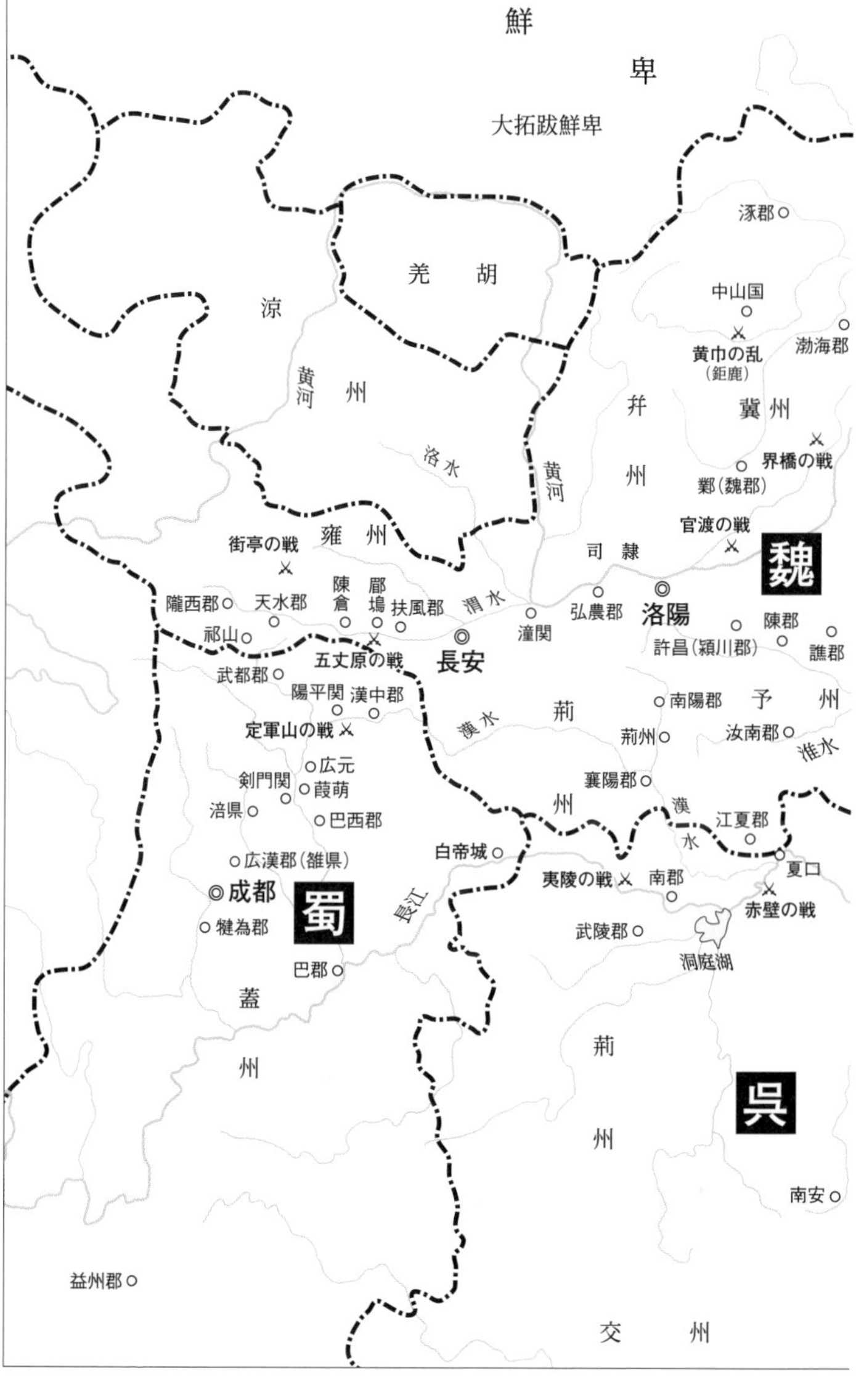
鮮
卑
大拓跋鮮卑
涿郡
中山国
黄巾の乱
(鉅鹿)
渤海郡
羌
胡
涼
黄河
州
洛水
黄河
并
州
冀州
界橋の戦
鄴(魏郡)
官渡の戦
雍州
街亭の戦
司隷
魏
隴西郡
天水郡
陳倉
郿塢
扶風郡
渭水
潼関
弘農郡
洛陽
陳郡
祁山
長安
許昌(潁川郡)
譙郡
五丈原の戦
武都郡
陽平関
漢中郡
南陽郡
予州
漢水
荊
定軍山の戦
荊州
汝南郡
淮水
広元
剣門関
葭萌
襄陽郡
涪県
巴西郡
州
漢
江夏郡
水
広漢郡(雒県)
白帝城
夏口
夷陵の戦
南郡
成都
蜀
長江
赤壁の戦
犍為郡
武陵郡
洞庭湖
巴郡
益
州
荊
州
呉
南安
益州郡
交州

●●● 曹（夏侯）一族及び張飛の女《むすめ》の親族関係図 ●●●

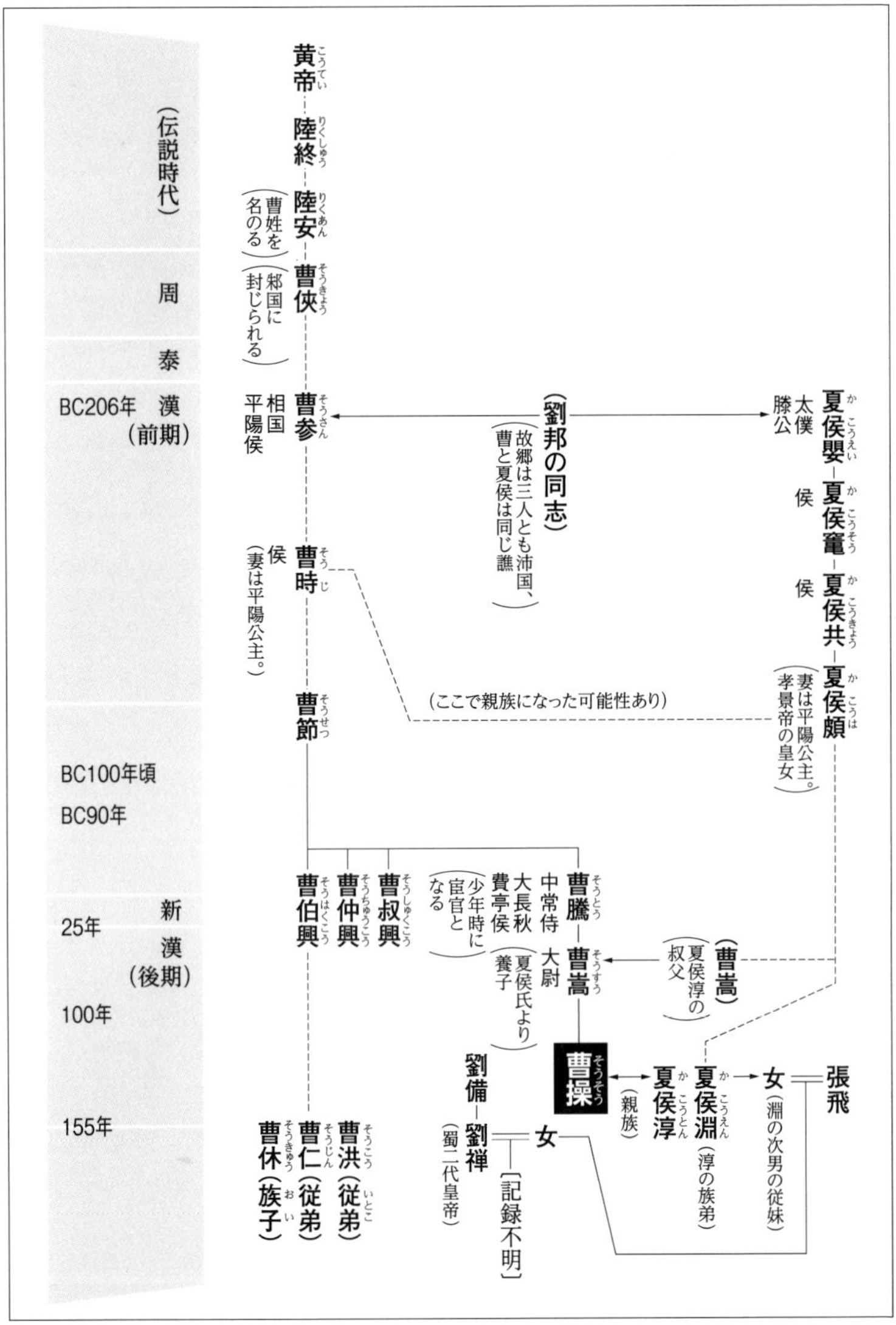

●●● 正史 三国志・主要登場人物交錯図 ●●●

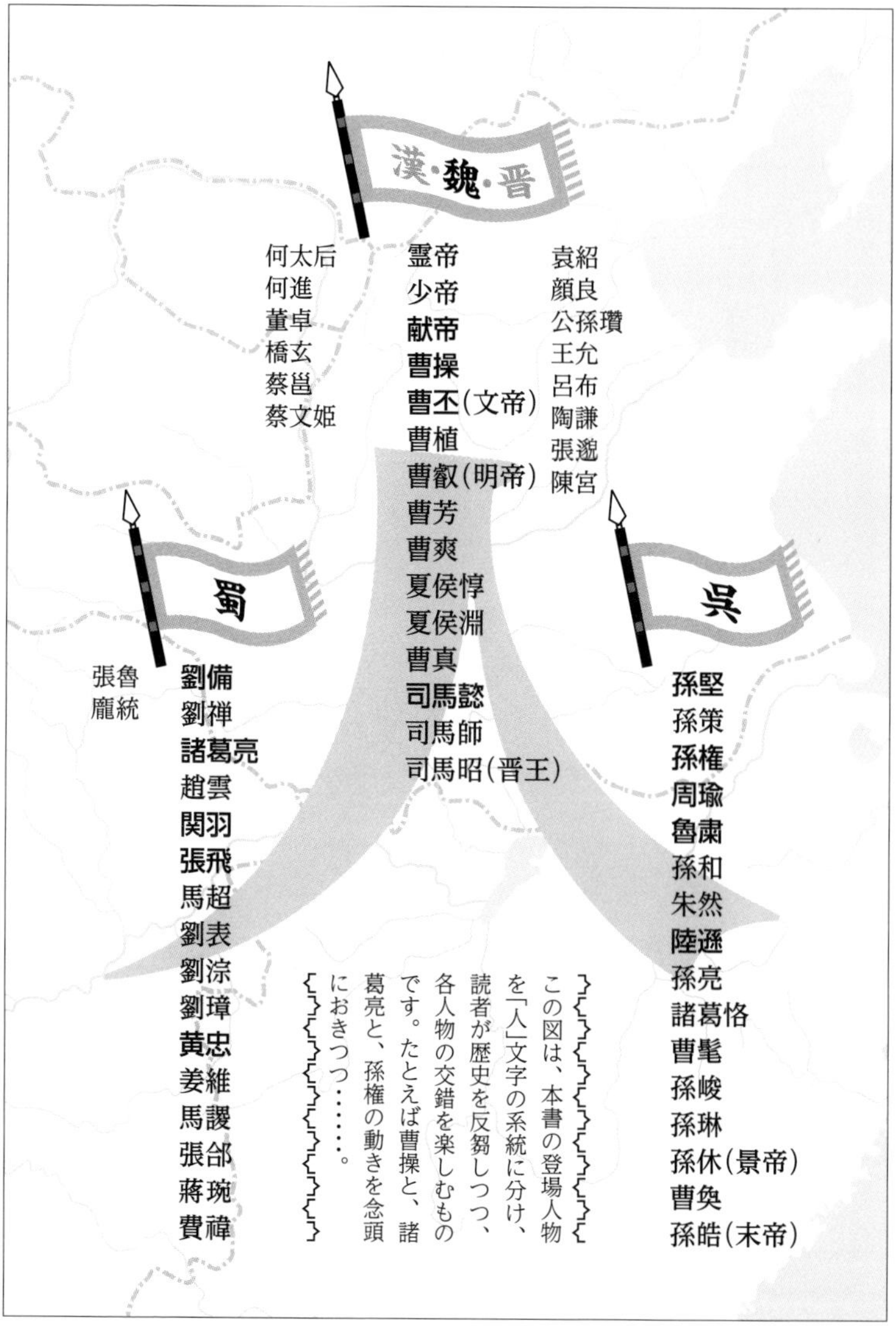
漢・魏・晋
何太后
何進
董卓
橋玄
蔡邕
蔡文姫
霊帝
少帝
献帝
曹操
曹丕(文帝)
曹植
曹叡(明帝)
曹芳
曹爽
夏侯惇
夏侯淵
曹真
司馬懿
司馬師
司馬昭(晋王)
袁紹
顔良
公孫瓚
王允
呂布
陶謙
張邈
陳宮
蜀
張魯
龐統
劉備
劉禅
諸葛亮
趙雲
関羽
張飛
馬超
劉表
劉琮
劉璋
黄忠
姜維
馬謖
張郃
蔣琬
費禕
呉
孫堅
孫策
孫権
周瑜
魯粛
孫和
朱然
陸遜
孫亮
諸葛恪
曹髦
孫峻
孫綝
孫休(景帝)
曹奐
孫皓(末帝)
この図は、本書の登場人物を「人」文字の系統に分け、読者が歴史を反芻しつつ、各人物の交錯を楽しむものです。たとえば曹操と、諸葛亮と、孫権の動きを念頭におきつつ……。

西暦	事項
一五五	曹操この年、沛国譙郡の宦官の家庭に生まれる。
一六七	十二月、桓帝崩じ、霊帝即位す。
一七一	蔡邕、橋玄に抜擢さる。
一八四	二月、黄巾の乱蜂起。曹操、官軍の騎都尉として黄巾鎮圧に参加。劉備・孫堅らも、それぞれ起兵して鎮圧に加わる。
一八九	四月、霊帝崩じ、少帝即位。何太后と大将軍何進が朝政を後見する。八月、宦官が何進を暗殺。袁紹軍は宦官をみな殺し。九月、洛陽に入京した董卓、少帝を廃して献帝をたて、自ら相国につき朝政を牛耳る。袁紹は冀州に逃げ、曹操も東に難をさけ、起兵に備える。
一九〇	正月、関東に袁紹を盟主とした反董卓軍が結成される。曹操は奮武将軍。二月、董卓、長安に遷都。洛陽を焼きはらう。軍閥はたがいに野望を露わにし、混戦状態となる。
一九二	正月、孫堅、暗殺される。袁紹、界橋の戦いで公孫瓚を破る。四月、王允と呂布、董卓を殺す。曹操、青州の黄巾軍三十余万を配下に入れる。六月、董卓の武将、李傕・郭汜ら長安に攻め入り、王允を殺す。呂布、関東に脱出。
一九三	徐州の牧 陶謙の武将、曹操の父を殺す。曹操、陶謙を攻め、十余の城をおとす。
一九四	夏、張邈と陳宮、曹操に叛き呂布を迎える。曹操、呂布を攻め、百日にして互いに引く。陶謙、病死し、劉備が徐州の牧となる。
一九五	春、曹操、呂布を破り、呂布、劉備のもとに逃げる。七月、献帝、長安を脱出、洛陽に向う。孫策、南下し呉に地盤を築きはじめる。
一九六	呂布、劉備と争い徐州を乗っとる。七月、献帝、洛陽に至り、翌月、曹操、献帝を許に迎え擁

一九七	立す。曹操、司空となり、朝政を制御し、屯田をはじめる。呂布、劉備を攻め、劉備、曹操のもとに逃げる。曹操、袁紹を大将軍に推薦。袁術、寿春で皇帝を称す。九月、曹操、袁術を攻め、破る。曹操、孫策を呉侯に推薦する。
一九八	十二月、曹操、呂布を捕え、殺す。周瑜・魯粛、孫策をたよって、長江を南に渡る。
一九九	三月、袁紹、公孫瓚を殺し、冀州・青州・幽州・并州を支配。劉備、董承らと曹操の暗殺を企てる。袁紹、大軍を背景に許の曹操攻撃を準備。曹操軍、袁紹の南進を防ぐべく官渡に布陣。孫策、会稽・呉など六郡を支配下に入れる。
二〇〇	正月、曹操、徐州を攻め、劉備、袁紹のもとに敗走し、関羽は曹操に降る。四月、袁・曹の白馬の緒戦で関羽、敵将顔良を斬り、曹操に恩義をかえして劉備のもとに去る。孫策、曹操不在の許を襲撃しようとするが、刺殺され、弟の孫権、あとを継ぐ。曹操、孫権を討虜将軍に推薦し、会稽太守となす。十月、曹操、背水の陣で袁紹軍に反撃、兵站を急襲し焼きうちした。袁軍、大敗す。
二〇一	四月、袁紹軍、倉亭で完全に敗走。九月、曹操、汝南の劉備を攻撃、劉備、荊州の劉表のもとに走り、新野に駐屯し、博望において曹操軍を阻止する。
二〇四	二月、曹操、袁紹の残党を討伐しつつ、鄴城を囲み、八月、落城させて冀州を支配。
二〇五	四月、黒山軍、曹操に帰順。
二〇七	夏、曹操、北征して烏垣を破る。この頃、劉備は隆中の諸葛亮の草廬を三度訪れ、諸葛亮は劉備の謀臣となることを決意したという。この年、南匈奴に捕われていた蔡文姫（蔡邕の娘）、曹操の計らいによって漢に帰ってくる。
二〇八	六月、曹操、丞相となる。七月、南征、荊州の劉表が病死し、子の劉琮は曹操に降る。劉備、

魏王朝

蜀漢王朝

漢

西暦	事項
	当陽の長阪で曹操軍に追撃され、趙雲は劉備の妻子を救出、張飛は曹操軍を阻止。呉の孫権は劉備と組んで曹操に対抗し、長江流域に船艦を結集。冬、両者は赤壁で戦い、曹操軍は破れて敗退した。
二〇九	劉備、荊州の牧となり、孫権、妹を劉備に嫁がせる。
二一一	三月、馬超ら反乱、七月、曹操、潼関に馬超を破る。劉備、成都の劉璋の招きにより入蜀、涪城で会見。この頃、黄忠、劉備に帰順する。
二一二	孫権、建業（南京）に石頭城を築く。
二一三	曹操、魏公となる。劉備、雒城などを攻略しつつ成都に進撃。
二一四	龐統、雒城攻略中に戦死。馬超、劉備の傘下に入る。劉備、成都を占領し、益州（四川）の牧となる。
二一五	曹操、漢中を攻撃し、張魯を降す。孫権、合肥（安徽）に攻め入るが、曹操軍に敗退する。
二一六	五月、曹操、魏王となる。
二一九	正月、劉備、軍を定軍山に進め、黄忠、曹操軍の夏侯淵を斬る。三月、曹操、漢中に至るも戦わずして長安にもどる。七月、劉備、漢中王を称す。十月、当陽の関羽、呉軍に捕われ、首は曹操のもとに届けられる。
二二〇	正月、曹操、洛陽にて病死。長男の曹丕が魏王を継ぐ。十月、漢の献帝、曹丕に禅譲して、**漢王朝滅び、魏王朝が成立**。魏は洛陽（京師）・長安・譙・許昌・鄴城を五都と定める。
二二一	四月、**劉備、成都において皇帝を称し、国号を漢（蜀漢）とする**。六月、張飛、部下に殺される。七月、劉備、「関羽の弔合戦」をひきいて東征、呉は陸遜が迎えうつ。八月、孫権、魏の臣を称し、呉王に封じられる。
二二二	六月、呉の陸遜、夷陵の戦いにおいて蜀軍を破り、劉備は白帝城まで退く。

二二三	四月、劉備、諸葛亮に後事を託して白帝城に没す。太子の劉禅、即位するが、蜀の実権は諸葛亮がにぎる。
二二五	諸葛亮、南征して雲南地方を平定。
二二六	五月、曹丕、卒して曹叡（魏の明帝）つぐ。曹真・司馬懿らが補佐。
二二七	春、諸葛亮、劉禅に「出師の表」を奏上し、漢中に進駐。
二二八	春、諸葛亮、兵を祁山にすすめ、さらに魏領に進攻、しかし、先鋒の馬謖は街亭の戦において敗退したため罪に服して獄死。十二月、諸葛亮はふたたび魏（陳倉）に攻め入るが、糧食不足で退却。
二二九	春、蜀、三たび魏に攻め入る。四月、**孫権、呉の大帝の位につく**。建業（今の南京）を首都となす。
二三〇	魏の司馬懿ら蜀に侵攻するが、長雨のため退却する。
二三一	二月、諸葛亮、四たび祁山に出陣、司馬懿・張郃ら、これをしりぞける。
二三三	正月、孫権、魏の東方の公孫淵を燕王に封じて魏をおびやかそうとするが、果たせず。
二三四	春、諸葛亮は五たび魏に侵攻、五丈原に布陣するが、対する司馬懿は戦闘に応じず、八月、諸葛亮は陣中に病没。蜀軍は分裂しつつ撤退、蔣琬が蜀の実権をにぎる。
二三八	正月、司馬懿、公孫淵を斬り遼東を平定。
二三九	正月、魏の明帝崩ず。曹芳（八歳）、即位。曹爽・司馬懿が補佐。蜀では費禕が大将軍となる。
二四四	二月、魏の曹爽、大挙して蜀を攻めるが、かえって反撃をうけ大敗する。
二四五	呉の孫権、後継者問題で太子の孫和と不和。太子派の丞相陸遜は、孫権をいさめて憤死する。
二四六	九月、呉の将軍朱然、大司馬となる。十一月、蜀の蔣琬、卒し、宦官黄皓の朝政はじまる。
二四九	正月、司馬懿、曹爽らを殺し朝政を掌握。

魏
蜀
呉
晋王朝

西暦	事項
二五〇	八月、孫権、孫亮を太子に立てる。蜀の姜維、魏に攻め入るが敗退。
二五一	八月、司馬懿、病死し、長男の司馬師が大将軍となり政権をとる。
二五二	四月、孫権、崩じ、孫亮（十歳）、即位。諸葛恪が補佐する。
二五三	正月、蜀の費禕、配下に刺殺される。十月、呉の孫峻、諸葛恪を殺して丞相となる。
二五四	九月、司馬師、曹芳を廃して曹髦を帝位につける。
二五五	正月、司馬師、許昌に卒し、弟の司馬昭が大将軍となる。
二五六	九月、呉の孫峻、没していとこの孫綝が権力をにぎる。
二五八	九月、孫綝、孫亮を廃して孫休を帝位につける（景帝）。十二月、景帝、孫綝を殺す。蜀、宦官黄皓の専政はなはだし。
二六〇	四月、魏の司馬昭、晋王に封じられる。五月、曹髦、司馬昭を討とうとして殺され、司馬昭、曹奐を帝位につける（元帝）。
二六三	五月、魏、大軍を派遣して蜀に攻め入り、十一月、成都にせまる。蜀、魏に降る。
二六四	三月、司馬昭、晋王となる。七月、呉の孫休、崩じ、子の孫皓、帝位につく（末帝）。
二六五	八月、司馬昭、卒。長男の司馬炎、晋王となる。十二月、司馬炎、曹奐より禅譲をうけて魏滅び、晋王朝成立。
二七九	十一月、晋、六方面から大挙、呉に進攻。
二八〇	三月、呉軍、瓦解。孫皓、降り、呉亡ぶ。**魏・蜀・呉の三国、晋に統一**される。

編著者　三国志の会

編集協力者一覧
写真提供　津和野町立安野光雅美術館
チャイニーズフォトグラフ
岩田理貴
蘭花堂
編集　尾鷲卓彦
中村光宏
図版作成　曽根田栄夫

装丁　山崎デザイン事務所 蔦見初枝

カバー写真／曹操騎馬像
本文見開き画／安野光雅
「ようこそ三国志の世界へ」及び目次の画は、
本文見開き画より掲載(部分)

三国志《さんごくし》への招待《しょうたい》

二〇一九年七月　五日　第一版第一刷印刷
二〇一九年七月十五日　第一版第一刷発行

編著者　三国志《さんごくし》の会《かい》
発行者　野澤伸平
発行所　株式会社 山川出版社
東京都千代田区内神田一－一三－一三
〒一〇一－〇〇四七
振替〇〇一二〇－九－四三九九三
電　話　〇三(三二九三)八一三一(営業)
〇三(三二九三)一八〇二(編集)
企画・編集　山川図書出版株式会社
印刷所　半七写真印刷工業株式会社
製本所　株式会社ブロケード
https://www.yamakawa.co.jp/

ISBN 978-4-634-15154-3